中国博士后科学基金特别资助项目资助成果

鼓楼史学丛书·异文化视野系列

旅藏日志

DIARY OF A JOURNEY ACROSS TIBET

[英] 汉密尔顿·鲍威尔 著

罗文敏 译

中国社会科学出版社

图书在版编目（CIP）数据

旅藏日志／（英）汉密尔顿·鲍威尔著；罗文敏译．—北京：
中国社会科学出版社，2016.10
ISBN 978 - 7 - 5161 - 9132 - 3

Ⅰ．①旅…　Ⅱ．①汉…②罗…　Ⅲ．①西藏—游记—近代
Ⅳ．①K928.975

中国版本图书馆 CIP 数据核字（2016）第 253272 号

Diary of a journey across Tibet
by Captain Hamilton Bower.
New York：Macmillan，1894

出 版 人	赵剑英	
责任编辑	宋燕鹏	
责任校对	王　斐	
责任印制	李寡寡	

出　　版	中国社会科学出版社	
社　　址	北京鼓楼西大街甲 158 号	
邮　　编	100720	
网　　址	http://www.csspw.cn	
发 行 部	010 - 84083685	
门 市 部	010 - 84029450	
经　　销	新华书店及其他书店	

印　　刷	北京金瀑印刷有限公司	
装　　订	廊坊市广阳区广增装订厂	
版　　次	2016 年 10 月第 1 版	
印　　次	2016 年 10 月第 1 次印刷	

开　　本	710×1000	1/16
印　　张	13.5	
插　　页	2	
字　　数	256 千字	
定　　价	49.00 元	

这个《旅藏日志》是特许奉献给最高贵的侯爵兰斯顿（THE
MARQUIS OF LANSDOWNE）阁下

G. C. S. I. , G. C. M. G. , G. C. I. E.

印度总督和治理将军

该项目由 THROCGH 支持和赞助，由其有义务的谦卑仆人来执行

作者

HEMIS 戴假面的僧侣

作者前言

借助于用手持相机拍摄的一些照片，我画出了大量的插图，因此，我得为一些精美照片而感谢 C. V. 亨特（C. V. Hunter）先生和 W. 伍德威尔·洛克希尔（W. Woodville Rockhill）先生。我还要向 H. 希玻姆（H. Seebohm）先生、F. L. S. 和 F. Z. S. 的友好支持表示感谢，他们为本书最后一章（第十六章）提供了有价值的鸟类笔记。

本书中特有名称的拼写，都是在藏语和英语这两种发音不同的语言之间，尽可能地以接近语音来音译。联合服务社团，西姆拉，1894 年。

译者序

　　本书是清末英军上尉汉密尔顿·鲍威尔（1858 年生）于 1891—1892 年考察西藏时所记录的一部日记，该书于 1894 年由麦克米兰出版社（纽约）出版。由于作者的身份和使命特殊，所以，这部日记对于研究中英关系史、中国西南边疆安全史，都很有价值。

　　1914 年非法的"麦克马洪线"是英国企图为对中国西南领土的侵占寻找自认为合适的理由。由此追本溯源，此前的 1911 年第二次和 1903—1904 年第一次英国入侵中国西藏地区，用当时世界上最先进的军事武器残忍屠杀使用大刀长矛的西藏人民的战争罪行，就是前奏和铺垫。其实，这些作为前奏和铺垫的明目张胆的侵略，还有比其更早的蓄谋，而它们，历来都被很多人所忽视。但是，请留意如下时间表：1892 年英军上尉汉密尔顿·鲍威尔以旅行者身份"旅行西藏"完成使命；1903—1904 年英军侵略西藏；1911 年英军再次入侵西藏（统军者正是上述的鲍威尔）；1914 年非法的"麦克马洪线"被炮制。从中我们不难推理出汉密尔顿·鲍威尔在其中的作用。

　　"当他回到英格兰，鲍威尔以第一个穿越青藏高原的英国人，而被授予'英国皇家地理学社团创始人'奖章。除了收集军事情报，这个军事间谍从一个当地淘宝者手中搞到并带回了一本由 51 张罕见桦树皮书写的古代手稿。鲍威尔对这些古代手稿的发现，促使欧洲人对文物的抢夺，并导致进一步入侵西藏。"尽管汉密尔顿·鲍威尔并未在日记中记录这一段有关该手稿的获得之奇遇，但他这次长达 12 个月的穿越青藏高原并横穿中国大陆的漫长行程，并非一般意义上的"旅行"。而且，其日记中所暴露出的诸种态度与看法，都足以给那些不能清醒识别他人侵略野心的人，敲响警钟。

汉密尔顿·鲍威尔——旅行日记作者？马背上的间谍？作者由 1891 年 4 月 4 日从印度最北部的西姆拉准备出发起，到 1892 年 3 月 29 日到达黄浦江入海口，随之依次经过中国香港和新加坡到加尔各答。全书以日记形式记述了作者一行在途经上述等地的整个考察历程（其中最为详尽的是在我国藏区的经历）。日记中作者没有公布自己的间谍身份，而且他也效仿俄罗斯探险家普尔热瓦尔斯基收集西藏地区特有的动植物标本，记录沿途的风土人情，等等。似乎正如他在日记中给中国人一再强调和伪装的：我只是旅行到中国内地去。而实际，并非如此。

鲍威尔的《旅藏日志》发表后很受欢迎。他也写了一篇长达 10 页、未公开出版的机密情报，题为《一些西藏事务的笔记》。"目的是为军事情报局长安装千里眼，内容是高度机密的。""阅读这本小册子，很容易看出为什么它是保密的。鲍威尔没有试图掩盖这一事实，……通过军事远征……这是非常符合英国政府在印度的议程……鲍威尔的报告提交十年后就发生了入侵西藏。"[①] "不像他的竞争对手俄罗斯人（普尔热瓦尔斯基），汉密尔顿上尉于 1890 年就秘密准备去发掘西藏。他的探险，授权于英国情报部门，路遇很多困难和挫折：包括土匪袭扰，丢失马匹，可疑藏民。"他不被允许前往拉萨而要沿原路返回印度北部，最后经过艰苦努力而达成妥协，他们一行人能够沿拉萨北部向东进发，经过塔陈鲁（tachenlu）、昌都、理塘等地，到达四川境内。

侵略军统帅——汉密尔顿·鲍威尔。1911 年 10 月，曾经为英军侵入中国西藏的前期准备工作立下汗马功劳、当年 53 岁的鲍威尔以少将身份率军亲征、入侵中国西藏。"阿波尔远征军由少将汉密尔顿·鲍威尔（Major-General Hamilton Bower）担任总指挥，拉钦普专员本丁克（Bentinck）和警察部队的邓达斯（W. C. M. Dundas）担任助

---

① 参见 http://www.thelongridersguild.com/word06.htm。

理政治教官。阿波尔远征军共计 1000 多名士兵①，一路烧杀劫掠。珞巴族人民奋起反抗，用简陋的大刀长矛和毒箭对付侵略者，但最终未能阻挡入侵的英军。这支英军按原计划在 1912 年 1 月开始测量和探查工作。他们沿着迪杭河谷北进，经潘吉、空辛、里乌（Riu）、叶克（Yeke）、西蒙（Simong）等村子，到达了距离'麦克马洪线'30 英里的辛金（Singing）附近。"② 其实，早在 20 年前的 1891 年，鲍威尔已在这本日记中，充分表达了他所体验到的、面对中国民众时因武器先进而产生的优势心理。

尽管作者似乎竭力以一个客观观察者的眼光打量，但偶尔也难免流露出对中国历史与社会状况先入为主的偏见与无知。所幸作者在日记中，基本将观察视野投注在沿途的交通路线与地理标识，尤其是山川风光、动植物生存样态与物种特征记录、藏区的习俗人情以及途经各地的民众生活境况与个人见闻感受等诸多方面。从文献资料学的角度来看，阅读本书，能够给读者提供一个独特的（"外来者"的）文化观感：在半殖民地半封建社会的旧中国，藏区以及作者行程所到之处中国人民的生存处境和社会生活画面。

需要特别强调和声明的是：其一，作者汉密尔顿·鲍威尔的原书出版是在 1894 年，距今已逾百年，故本书无涉版权问题；其二，作为译著，作者在文中的诸多观感、看法乃至个别地方对民族和宗教话题的表述语句，皆为作者自己立场，与译者和出版社立场无关，不过，为学术责任与客观呈现之目的，译者在脚注中附注出原文表述内容，以作对照参考；其三，关于地名、湖名和人名，受限于作者对当地藏语发音的模拟理解和表达效果，本书所用的音译，显然是经过了"藏语—英语—汉语"的转换过程，故在这一点上，只能求"似"而非求"是"的境界。

概而言之，这是一部可用以了解"他者"视野中的甲午之前的晚

---

① 参见 https://earlytibet.com/category/history/。
② 梁俊艳：《英国对藏政策的调整与"麦克马洪线"的前期策划——以 1911 年威廉逊事件为中心》，《中国边疆史地研究》2011 年第 4 期，第 81—82 页。

清时期旧西藏的日记，是一部追本溯源、解密英国在清末民初对中国西藏地区政策变化之因的外国文献，更是一针惊醒那些裹足不前、敌友不分、崇洋媚外者的清醒剂。

　　翻译是一件苦差事，本译著定有很多不尽如人意的地方，恳望学界同人本着爱国敬业的目的，不吝赐教。

译者　罗文敏

2015 年 1 月

目　录

插图目录

第一章　从西姆拉到边境

在离开 14 个月后，1890 年从土耳其返回的时候，我深深痴迷于旅行带来的乐趣，并且对于每一个曾经历过游览魅力之洗礼——包括登顶、翻越并凝视喜马拉雅山脉冰川——的人而言，这种乐趣尤为明显。为此，我开始把思绪移向西藏这片神秘的土地。

在拉达克（Ladakh），我和当地人已经变得熟识，在拉萨，也是如此，我认识了寺院、喇嘛和转经筒，以及永恒不变地嘟哝着的同一重复"唵嘛呢叭咪吽"（"哦，莲叶里的鲜花，噢！"①）。但是，在东方的边缘地带，那儿有真正的西藏，它在地图上是一个巨大的白色空白地；那个空白地，就是我决定要去拜访的圣地。西藏之南的一些区域，尚有少数地方和路线被当地的探访者标注，至于西藏中心地带和北部地区，我们则知之甚少，就好像它是坐落于另一个星球那样陌生。

第一件事，就是弄清楚印度政府是否会倾向于支持这个计划，但我的疑惑很快被打消了。总督阁下不仅认可这个想法，还让好心人洛德·罗伯茨（Lord Roberts）这位同伴和印度医疗服务人员 W. G. 索罗尔德（W. G. Thorold）博士陪同前往，以此来给予该项目援助。

我决定携带的仪器是：可测最高和最低温的温度计，一个 3 英寸大小的考察用的库克牌经纬仪②；用来记录低温的三个普通温度计；

---

① 在这里，作者认为藏传佛教中的六字真言的意思是"Oh, the flowers in the lotus leaf, oh!"（"哦，莲叶里的鲜花，噢！"）

② 此处译为"一个 3 英寸大小的考察用的库克牌经纬仪"。原文为"a 3 - inch explorer's theodolite, by Cooke"。

附带几个单独温度计的黑克斯牌测高计①；牛眼灯；三棱柱罗盘；口袋天文钟；千分尺；几个袖珍罗盘和三个无线发报机②。这些仪器，用几张干燥的纸包裹起来，隔在铁框子间，用砷肥皂把植物和自然历史标本各自保护起来，以此装备出我们的考察科学器具。

考虑到我们带着一个陆军铁道医疗同伴③，于是我们又带了少量治疗眼疾的药物，凡士林和碘④。在中亚的高原，凡士林乃必备之物。由于大风和极端干燥的气候，手和脸的皮肤严重干裂而豁口，而与碘混合使用，绝对会是应对马背裂痛的完美装备。我建议将来踏上这片土地的旅行者要带上一些止痛药，必须得预防感冒和咳嗽。

在衣物方面，我们用厚普妥粗羊绒呢装备自己，这是一种产自克什米尔的土生羊毛布⑤，我们还带了温暖的羊毛内衣，和绵羊皮长袍。我们的靴子是普通步兵弹药的模式，这种靴子做得足够大，以便穿好几双厚羊毛袜子；这些羊毛袜子的脚趾和脚跟，都是双层厚的。我们也带上了一打麂皮，以便途中修补衣服。

床上用品方面，我们带了毛毡，羊皮地毯，毛毯；只用毛毯是不太能够抵挡严寒的，没有什么羊毛衣服可以抵挡昌（青藏高原中部）⑥这个地方的大风的，所以必须带上羊皮。

我们的武器弹药结构是：两个双管 500 发步枪，一杆 12 珠散弹枪，两个骑兵配用卡宾枪，三个左轮手枪。我们大约有 300 发步枪子弹，200 发散弹枪子弹，大多是 6 号子弹；有 200 发卡宾枪子弹，有一两袋左轮手枪子弹。

索罗尔德博士和我跨用骑兵马鞍。这种骑兵马鞍比普通的狩猎马鞍有很大的优势；首先它可以把卡宾枪别在附带枪套里，以便防卫

---

① 原文为 "hypsometer, by Hicks, with several spare thermometers"。

② 参考原文 "and three aneroids"。

③ 参考原文 "Army Railway Medical Companion"。

④ 参考原文 "vaseline, and iodo-form"。

⑤ 参考原文 "For clothing we equipped ourselves in thick puttoo, a sort of native woollen cloth made in Kashmir"。

⑥ 原文为 "Chang (Central Tibetan plateau)"。

用。尽管此防卫目的可能从不会被派上用场。但当情急所需时，此装备就太有必要了，可若是将卡宾枪挂在别处，那么，几乎可以确定的是，你无法在关键时候顺手取用它。此外，骑行过程中，当有机会射击一只藏羚羊时，或连续出现其他最出乎意料的状况时，就可以顺手拔枪以应对。而且，骑兵的马鞍将易于携带一件大外套、午餐、望远镜等物品。

携带一些文学或者类似于考察类书籍是绝对必要的，因为心灵需要给养。因书籍沉重，而运力有限，那些不愿反复阅读的书，最好别带。我们所带的图书包括莎士比亚的书，《纳皮尔半岛战争》和凯雷的《裁缝雷萨特斯》①。书籍、乐器和服装都是装在克什米尔造的牦牛皮囊中，其中两个像金洛克（Kinloch）将军床的模式，而且长度足以包裹枪管。我们的帐篷主要是"印度兵之友"（一种从屋顶斜下至地面而无侧墙支撑的帐篷），它有 10 英尺长，6 英尺高，略像一个帐篷车司机所用的东西，它里面的空间有 80 磅。喀布尔（Kabul）帐篷和达瑞帐篷②被作为厨房，这些帐篷都是棉质的，外加妥粗羊绒呢内衬，不过，我觉得，若是棉衬里则会更利于抵御大风。

1891 年 4 月 4 日离开西姆拉（Simla）时，我简短造访了我的考察团队。4 月 16 日，抵达斯利那加（Srinagar）。穆里（Murree）这个地方的积雪很深，途经此地的前一两段路况非常糟糕；曾在某处，轻便双轮马车翻了，差点掉进悬崖③；然而，我们自己振作了起来，很快又再出发，再没有出现更糟糕的状况。

在斯利那加（Srinagar），有几天我被索罗尔德博士带着去购买驮畜，以及选配鞍鞯等东西。准备进入一个未知的地区，要决定哪些牲畜最适于用来运输，还真是件令人非常犯难的事儿。牦牛对高海拔地区气候的耐受力有很大的优势；事实上，牦牛无法在低海拔地区生活，在西藏的西部地区几乎从未见过在海拔约 12000 英尺以下的地方

---

① 原文为 "Shakespeare, Napier's Peninsular War and Carlyle's Sartor Resartus"。

② 原文为 "a tente d'ahri"。

③ 原文为 "in one place the tonga capsized, very nearly sending all hands over the cliff"。

还有牦牛生活的。他们比其他任何动物都耐寒，但牦牛的使用，却受限于它的诸多严重缺点。他们不吃粮食，所以要让他们在一个绝对贫瘠的土地上待上超过四五天，那是绝对不可能的。而且，它们的行动速度也非常缓慢，且若在石子路面行走，它们的蹄子很快会疼痛难受。

曾在印度和土耳其间的贸易中被大量使用的矮种马，可以在穿越困难路段时，让牦牛替其驮运而卸下重担。受雇我们的几个畜种里，最重要且数量最多的，是在印度被称为莎车市民（Yarkandi）的矮种马，尽管其名字被误用，但在莎车（Yarkand），没人饲养矮种马和其他马匹，小块土地被栽培得像个花园，且太娇贵而不能用作牧草地。从那些地方带来的矮种马，大部分都是由帕米尔高原和大草原上的吉尔吉斯人饲养的。

他们是壮硕坚实的牲畜，很能经受严寒，可以负载 250 磅的重量。但依我的经验，当草料稀缺、粮食耗尽，所谓的莎车市民的矮种马比一些个头更小的马种要死得快。外表看去，它粗糙而沉稳，体长约 13 拃，有着厚厚的鬃毛和尾巴，四肢粗壮，目光呆滞，颈部经常耷拉下凹。它们的毛色基本以各种程度不同的灰色为主，貌似一个大家族的堂兄弟关系。它与许多哥萨克（Cossacks）骑用小马种类相同。它们的样子与我在喀什噶尔（Kashgar）见过的邮票上的小马非常相似，但这些矮种马的下凹脖颈则更为明显，他们被称为哈萨克马（Kazaks），来自俄罗斯大草原。有人告诉我，他们很不耐热，当天气变暖时，我的一匹矮种马看上去非常不舒服，肩膀上的小血管持续渗出血来。我的驮队确信：这说明它是一个能干活的家伙，当然，矮种马在短暂激情促使下能干一定量的活儿，已经算是个奇迹了。

拉达克矮种马这种结实的小家伙，约有 11 拃高，它是个出色的苦干家，但总是在春天和初夏时期处于一种可怜状态，这段时期你无法随处得到可以开始一段旅程的草料。个头非常矮小又精瘦的克什米尔矮种马是很好装载的；他们必须是从偏远的山谷里挑选出来，而非从首府周围的沼泽地而来。

但骡子胜过矮种马，可唯一的困难就是找不到足够多合适的骡子。印度斯坦（Hindustani）骡子是不合适的。这些从拉萨周围带到拉达克的骡子，身材短小而结实，是在高寒山区干活的出色牲畜。

我最初的想法是把所有的衣服、工具等物品放在矮种马或骡子身上，用绵羊驮载补给品。一只绵羊可以轻松驮载 30 磅重的东西，又可以在非常贫瘠的草地上啃草活命，背驮一袋面粉而边走边完成啃草饱餐的任务。然而不妙的是，这已然是一个非常严寒的冬天。羊群出现重大减员，没有够得上开启一段旅程之条件的羊只了，于是，只好让矮种马、驴和骡子来组成运输队伍。我的马鞍垫子是在图库斯坦考察的路上曾用过的，它用一种生长在莎车沼泽地的芦苇制成，其优点是轻盈，能御寒，并且耐用而有柔韧性（马匹负载重物却弄不坏它），而且若是哪儿损坏了，任何御马者都可以修补它。它的缺点是，它可能比欧洲式马鞍更易于弄疼马背。

1891 年 7 月 14 日，由《三帝国汇聚之地》《猎鹰的巡航》等书的作者 E. F. 骑士先生陪伴，我离开了斯利那加。索罗尔德博士已经离开此地前往列城（Leh）了。

从水域连接的冈德堡（Gunderbal），沿路上行到美丽的信德河谷（Sind valley），直到措基拉山口（ZojiLa Pass）；虽然这个山口很低，只有海拔 11300 英尺，然而，由于本季节早先的积雪，使得这个山口难以通过，故今年（1891 年）的穿行就显得不寻常了。把我们的东西弄过去的唯一办法，就是把行李打成轻便包，由苦力搬过去。而每一匹矮种马，则需要跟随一个男人帮助它越过深雪区。这一天，令人疲惫而漫长，幸而我们高兴地看到一片若孤岛般未受风雪侵袭的小村子马蹄岩（Matiyan）。往前再走了四个停歇的路程，就看见了玛尼堆①和一些遗迹，这里的村民看上去是一种蒙古人种，我们开始感觉到我们身处佛国。到达列城是在 6 月 1 日，我在那里逗留了十三天，做最后的准备工作。由于我拒绝说出此次考察的目的，争取村民理解

---

① 原注：西藏各地常见的一堆堆的石块，上面刻着神秘而神圣的句子。

的困难增大了。很多边境集市上的藏人泄露了我们要去他们国家①的意图，这样在我们穿越边境时，可能会遇到抵制我们前进的一批人。不过，在奈博·瓦泽（Naib Wazir）（助手或副总管）提供的友好帮助之下，有六个人愿意来探问求证我们的考察并不牵涉什么问题。

除了一个与众人中最聪明者相去甚远的人以外，其余这些人都天生优秀，拒绝疏远。奈博·瓦泽（Naib Wazir）在离开之前警告他们，若无正式书面文书而到列城来，将遭受各种惩罚。

6月14日我们离开列城（Leh）。成员除我外，还有印度医疗服务者索罗尔德博士，他除了提供专业的医疗服务外，还附加一个相当有价值的考察目标——收集植物标本。一个是当地的准测量员，一个是住在印度西北国境的阿富汗人；一个印度斯坦（Hindustani）的厨师；一个克什米尔人，随后被遣返；另有六个阿庚（Argoon）驮队客。阿庚（Argoon）是欧亚混血儿，他们大多是突厥商人与藏族妇女在合法的临时婚姻中的结果。他们没有土地，他们靠在莎车（Yarkand）路上为驮队干活儿来勉强维持生存；他们吃苦耐劳，我认为某些作家所描述的他们的坏品性，并不符实。我很高兴地看到，船长拉姆齐在他的《西部藏区词典》中替这些人说了公道话。尽管在战斗中被认为是彻头彻尾的懦夫，但在这些地区应对巨大的身体困苦时，没人敢承认他们是懦夫，这种唯一给他们敞开的工作线路上的劳动方式，无疑是他们所乐意的。就我个人而言，相比于拉达克地区那些纯粹的锦衣玉食者，驮队客的等级比他们高很多，因为驮队客的生活方式更倾向于自力更生。

一年一度的佛事活动在赫密斯（Hemis）寺院举行，所以在他们活动中间，我们顺路临时拜访了这里。整个地方的人穿着节日服装，当我们接近时，乐队表演因我们的到访而中断。这个乐队由席地而坐

---

① 此处的 their country，当然应指中国（China）。在本书中，作者很多时候不知是何种原因（可能出于对历史知识的客观无知或主观漠视）而频繁出现表述上的错误，译文据史实而更正并加脚注说明。

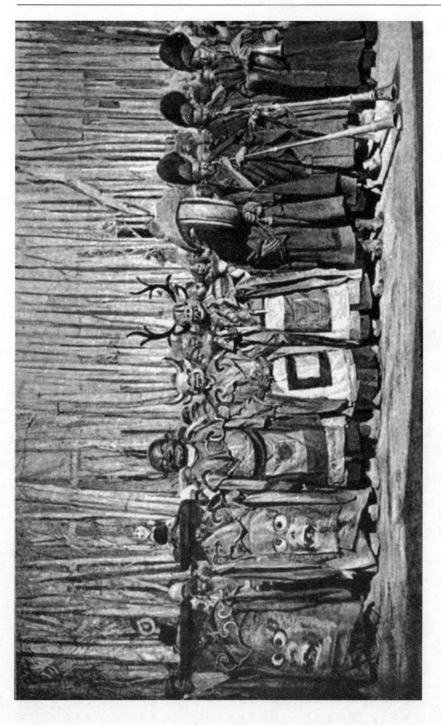

假面舞会上的和尚

的六七人组成，一些人在演奏像有袋管的风笛一样的芦苇乐器，一些人在敲打手鼓。该寺院坐落在一个狭窄的山谷中，那里有一小块农民耕种的土地，其农产品的一半送给和尚。山谷里嬉戏的动物和鸟类是非常温驯的，是因为他们从来没有被射杀过：一些中亚细亚的山羊（羊属 Vignei）靠拢在一起吃草，一只石鸡（Caccabis 石鸡，一种像红腿鹧鸪样的鸟）站在约 5 码远的地方瞧着我们。寺院给我们安排有舒适的住处，该寺院是非常富有的，他们通过向左拉瓦·辛格（Zorawar Singh）的入侵军队提供食品补给而逃避了 1834 年的掠夺①。第二天，我们观赏了一场喇嘛们的面具舞；场面拥挤，观众中有一些尼姑，她们相貌平平，要么剃着光头，要么戴着黄帽子，显然，戴帽子并非寺庙生活中遮盖美貌的一种样式。这种舞蹈是我见过的最离奇古怪的表演；这些蒙面者身着华丽的服装，一圈又一圈地走；与此同时，一个隐藏的唱诗班以真正寺庙风格在唱诵着庄严的挽歌。

当询问面具的含义时，我被告知，这是使人们习惯于可怕的图像，以便死后，他们的灵魂游荡在天上，遇到恶魔时，就可能不会惧怕。

在藏区各地②所见到的佛教，与由乔达摩③所创立的纯粹道德劝诫的佛教，无任何共同点④。在经过一些更切实的努力后，意识到佛教初创教义令普通民众实感抽象，由此导致革新；这些革新在一个无知僧人导引下的民众中发生并发展到粗暴的迷信，它仅比非洲的恋物癖

---

① 原文为 "having escaped plunder in 1834 by supplying provisions to Zorawar Singh's invading army"。见原义之第 13 页。

② 原文为 "Tibetan countries"。有中国历史基本常识的人都明白：显然作者的表述是错误的，原文写作时间的中国藏族各地，应当翻译为 "各藏族聚居区"（以下简称 "各藏区" 或 "藏区各地"）。

③ 即释迦牟尼的俗姓，释迦牟尼的全称是乔达摩·悉达多。

④ 本书作者的这一看法明显很武断。藏传佛教传自于印度释迦牟尼佛教，兴盛于中国藏区各地，全面考察藏传佛教的宗教学家不会有此片面的看法的。这说明本书作者对中国藏区和藏传佛教的认识是有局限性的。但为了尊重原作，一般情况下，译者尽量不作修改。

稍强一些，它与原初的印度佛教几乎没有任何相似之处，此即在所谓佛教大本营所见①。

从赫米斯（Hemis）起，我们重新加入考察队伍，并在瑟格蒂（Sakti）经由一座摇摇晃晃的桥越过印度河。我们在那儿时，奈博·维齐尔带来的一份电报说，一位英国人伦纳德先生可能在唐达姆巴施（Taghdumbash）被杀害。我决定暂停几天，希望得到更多的信息。可我们未收到任何消息，不过随后，此前的信息被证明是不实之谣。就在我们逗留期间，我出去找寻岩羊（Ows nahura）②，在一次典型的喜马拉雅式"潜近"行动之后，我成功猎获了一只。离开营地不久，就发现了羊群③，但当我试图潜近时，它们警觉逃离，那里毫无遮挡，因此无计可施，只有干坐，单等它们移动。直到 3 点左右，它们一直这样移动，渐渐地，它们吃草的路径到了一个很好潜近的地方，在那里，我轻松将它们射杀。

从萨克蒂（Sakti）到紫格劳（Ziugral）是一段很短的路程，紫格劳（Ziugral）是一个很隐蔽的营地，它比昌拉山口（Chang LaPass）要低，这里有个非常破旧的住处；第二天凌晨 5 点前，我们开始早起攀爬该山口，以便能在太阳融化雪面冰壳之前顺利穿过。一头驴子倒下了，有一匹矮种马看起来也要倒下，但驮队客割裂它的鼻孔——这是一种我经常见到的应对牲畜高原反应的补救方式。通常我对此没有多大信心，但这一次似乎产生了预期的效果，矮种马安全度过。山口

---

① 无知眼睛会把智慧看作无知。此段译文的原文此处附录："and these innovations, a-mongst an ignorant monk-led people, have grown until the grossest superstition, little better thanAfrican fetishism, and bearing hardly any resemblance to the original, are all one meets in the strongholdof so-called Buddhism." 我们从中会看到原作者是如何来表述的。译者为了呈现原作者的表述，译文未作改动。

② 原文是"The herd"，但结合下文情况来看，是特指他准备射杀的西藏野绵羊。而且前文谈到装备时就已经提到准备射杀类似动物。

③ 西藏野绵羊，有时汉语写作蓝羊（对应的英文是 blue sheep），其英文有时又拼写为 bharal；barhal；burhel；bur（r）hel。译文中的括号及其中的文字，均为原作者所用。有些表述，本译文选择保留原英文词汇，以求准确。此处不是藏羚羊，藏羚羊被作者表述为 The Tibetan antelope 或者 Goa（西藏高原独有的一种羚羊）。

东边有一堵墙，是藏人为了防御左拉沃·辛格（Zorawar Singh's）的军队而修砌的；但是，为使阻挡有效，本应必须守护防御墙的，可是，藏人疏忽而未做到作为防御计划的这一部分，因此，多格拉（Dogra）将军并未发现它是一个不可逾越的障碍。

从我们宿营的杜尔迦（Durga）到坦克斯（Tankse）约7英里，沿途可见一些补丁样的庄稼地，这是一段非常轻松的行程。坦克斯（Tankse）虽然是一个小地方，但是它非常著名，因为这里是奔赴昌辰墨（Chang Chenmo）的运动员的给养地。此处面粉质量低劣又价格昂贵，以正常利率的卢比算，得花18磅。但是，绵羊肥美而壮硕，远比印度的好，便宜到一只羊才两卢比。超过150只绵羊列队让我挑选，我以上述价格挑了最肥美的10只。

尽管有住处，可是也很远，也没有什么农作物，从而除了羊肉，也搞不到其他可吃的。从坦克斯（Tankse）我雇了一些牦牛和矮马，希望尽可能多地为我们的牲畜分担一些重量，在此暂歇一天后，再继续我们向昌辰墨（Chang Chenmo）进发的计划。第一段行程是到查卡塔劳（Chakka Talao），这个地方比河床高，河里有很多像鳟鱼的一种小鱼。途中，在海拔14000英尺的时候，我看到很多蝗虫；登上了山寻找乐子的索罗尔德（Thorold）博士报告说，他在16000英尺处看到了一些东西。群山呈现出马赛克样的外观，这与拉达克（Ladakh）所见景象一样——常见明细的黄色和暗褐色的补丁块。

当我们进入营地，我和驮队客激烈争论起来。因为他们继续莎车（Yarkand）路上不公正对待马匹的做法，在进入营地后捆绑了矮马。在一段9小时或10小时的行程后，他们将矮马们绑起来，防止它们吃草两小时或更长时间，然后给它们喂一顿青稞饲料，喂完之后再给它们松绑。结果是，它们那空空如也，因长时间收紧而虚弱的胃，也无法消化刚吃下去的青稞。除此之外，由于是在这些高寒地区①，所以当牧草稀疏时，把牲畜的吃草时间砍去两小时，这是一个严重的问

---

① 原文为"countries"，此处译为"地区"。

题，使得可怜的牲畜们整夜不能休息，它们得奔波找寻任何可吃的东西。

当我通知驮队客要为矮马们松绑时，我们顿时停了下来。驮队客们一脸惊恐地表示抗议说：如此令人愤怒地背离习俗①，佛祖②一定会让我们在未来几天里驮运不顺。然而，我坚持了我的意见，当时若不如此，我们绝难成功穿越西藏的。

我们下一段行程是去珀邦（Pobrang），那儿有几个小棚屋，野草贴近它生长，四周被荒山包围着。当行经庞贡湖（Pangong Lakes）的西端后，我们发现，尽管流入该湖的河中原本是有很多鱼类的，可此湖却是一个无鱼生长的咸水湖，远望如一个美丽的深蓝色的弧线。我们花了四个卢比买了一只西藏牧羊犬来守护营地，这是一种类似于强力大块头牧羊犬柯利的犬只，这种犬只作为看护犬是非常好的。但你从不会喜欢他们，因为他们没有欧洲犬只所拥有的高贵特征，却大多具有一种迟疑和怯懦的本性③。

第二天我们到了郎卡莫（Langkar Mo），此地海拔 16600 英尺，距马萨米卡拉（Marsamik La）很近，当地人更普遍地称它为郎卡拉山口（Langkar La pass）。由于天在降雪，所以尽管此处有一狭小而破旧的庇护点，但我们还是决定住帐篷，后者保护更有效些。大量的西藏野驴（Equus hemionus）④ 出现在路上，这种西藏野生驴在这些高海拔地

---

① 原文为 "Dustoor"（custom）。不知著者为何用 "Dustoor" 这个词，且为其加上双引号，还在后面括号里附上 custom 这个词汇。

② 原文为 "thegod of India"，故应译作 "佛祖"（或 "释迦牟尼"）而非 "印度的神"。

③ 不太能够确定作者所说的牧羊犬是哪一种。从其所用的措辞似乎能够推断出文中所指的牧羊犬，很有可能是藏獒。因为其中用到 "like big powerfully built collies" 这样的表述，显然，在藏区，藏獒最具有这种符合 "bigpowerfully" 这样的特征。可是我们知道，藏獒是世界上公认的唯一一种不怕任何猛兽的犬只，它与 "suspicious" 和 "cowardly" 这样的词汇，应该说毫无关系。也许作者所指的是其他我们所不熟悉的犬只。

④ 原文为 "kiang（Equus hemionus），the Tibetan wild ass"，所以，我们对应译作 "西藏野驴"。

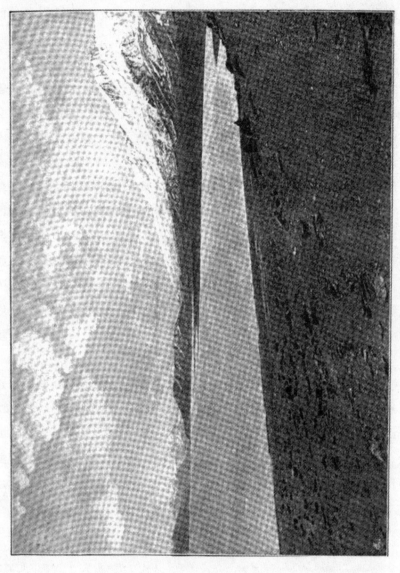

四月份全结冰的盘根洞湖

区极其常见。正当我们发现北面落了很多的积雪时，发现马萨米卡拉（Marsamik La）是一个很易通过的山口；矮马也是很易通过的，但是我们中的一个人却患上高山病。我们看到山坡上放牧着一些雌盘羊。

6 月 29 日，在 15475 英尺的帕梅拉（Pamzal）。——在昌辰墨（Chang Chenmo）山谷，我所送来的物资仓储已备好在那里了。其中有三十三莫恩德①干草，四莫恩德苏图（Suttoo），五莫恩德面粉，六莫恩德大米，一百套马靴。被远东地区称作糌粑的苏图（Suttoo），是用青稞制作的，其制作流程是：先把青稞用沸水煮一下，再在火上烤干，随后研成粉末。已被部分煮熟的糌粑，比面粉有很大的优势，稍微加点儿水，无须再煮就可以吃，这样考虑很周到，因为这些地方燃料稀缺，有时干脆找不到。离开帕姆杂（Pamzal）后，意外的是，受恶劣气候影响，我们所雇用的驮畜身体状况很差，进而陆续倒下，于是，得给部分矮马加载物资。

那个告诉我他曾到过凯里（Carey）、达尔格利什（Dalgleish）和普鲁（Polu）的男人，一直在诓我，他其实连大山口究竟在哪儿都不知道。不过，有个受雇带着驮畜来的拉达克人承认，他曾越过边境到五站路远的地方驮过盐，在我们承诺给他奖励后，他给我们指了路。在他的指引下，我们穿越两个轻松的小山口，朝拉那克拉（LanakLa）前进。

两只受雇的牦牛死在了路上，想让其他受雇牦牛再继续跟我们前进，显然困难很大，而整个傍晚却无事，天黑后，我们的活儿来了。羚羊队出现了，我射杀了五只藏沙鸡②，这些沙鸡出奇地温驯；只管迈着鸭步、列行走过；用一杆枪打死了地面上的四只，趁着其余的沙鸡在飞起之时，用另一杆枪又打死了一只。

那个因高原反应而病倒在马萨米克拉（Marsamik La）的克什米尔人看不到有任何好转的迹象，因此在翻越拉那克拉（LanakLa）之前，我们让其返回了。他是那种很难适应高海拔的人。

---

① 莫恩德（Mannd），尼泊尔、印度、巴基斯坦及某些中东国家使用的一种重量单位，1 Mannd = 82 磅（pounds）。

② 原文有脚注，其脚注为"参见第294页"，原作的第294页有对这种鸟类的详细描述。

第二章　开始探索

1891 年 7 月 3 日——翻越了拉那克拉（Lanak La）的边界，在耗费 9 小时才前行了 24 英里后，我们驻扎下来。山口易于穿行，路上没有积雪。

7 月 4 日，驻扎土勃玛珀（Tobomarpo），15 英里，海拔 17550 英尺[①]。——这是一个随处可宿营的峡谷低地，有水、草和燃料。刚开始行进，一头驴子倒下了。在上一个宿营地被遣散的受雇者还没走出多远，我们叫他们回来把这头驴子带回去，我毫不怀疑，他们能把它活着带回谭克思（Tankse）。一位信使带来了克什米尔（Kashmir）居民送来的消息，说关于林纳德先生（Mr. Lennard's）的谋杀案的传闻是没有根据的 [最低温度华氏 17°][②]。

到达卡郎吉（Kalungy），7 月 5 日，18 英里，海拔 17680 英尺。——地处一片小湖的南边。一路轻松前行。这里的草地似乎比我们在边境附近见到的要更为丰茂。

强劲的西风吹了一整天，这种有时会有大量南方气息的西风，陪着我们一路穿行西藏，西风点是在下午显得更强劲些，一天里最暖和的时光是上午 9 点之前。布萨（优若藜属）（Boortsa [Eurotia]）作为去拉达克和土耳其斯坦的路上的主要燃料，仍旧充足，但再往前走却

---

① 本书作者采用这种固定的"日记体"样式（某月某日，某地名，某英里，某英尺），意为："当天是某月某日，夜宿某地；当天日行某英里；驻地海拔某英尺"。

② 原文有脚注，其脚注为 For Minimum Temperature at each halting-place, see Chart, page 302 sqq. 每个经常刮风地方的最低温度，见图 302 页/sqq。

找不到了，唯一能得到的燃料是野生牦牛粪①。

　　7月6日，帕普克（Papuk），海拔17694英尺。在离开这个位于我们上一个营地北面的小湖后，我们朝芒杂朝湖（Mangtza Cho Lake）前进，并宿营在其南边。这是一片坐落于海拔16540英尺、颜色深蓝的绝好水域，环绕湖边的，是一圈积盐外壳。夏天里，拉达克和能乐这两个地方的人们跑到这里来取盐，此湖之南，是一座好看的雪峰，西北边也有一座雪峰。草地如此丰美，我决定暂驻一天，借此喂饱矮马，休整一下。天空被云（积卷云和层卷云）笼罩，我未能测到此地的纬度。拉达克（Ladakhi）向导说，从此湖的东头起，有三条路可走：一条朝北，可达梅思思（Messrs）、凯里（Carey）、达尔格利什（Dalgleish），直到普鲁（Polu）；一条朝向南，可到能乐（Noh）；一条朝东，这条路他从未走过，但他听说，从这条路走五站地，就可以看到卡姆巴（Khamba）的游牧者。

　　他想回去，但考虑到他可能是（出于对藏人的恐惧）在假装无知，我决定带他试试运气②，因为他当初曾答应可以前行五站路远。驻地附近有大量野牦牛活动的痕迹，但我们并未亲眼见到哪怕一头野牦牛的影子。每年的这个时候它们通常可能并不在这一带活动。

　　7月8日，第1号营地，13英里，海拔17650英尺。（据无液气压计）——我们那位向导称自己不认识路，他无法指出此地之名称。于是，由此开始的所有营地，都只有以数字来标识了。根据他最近的陈述，卡姆巴（Khamba）距此不是5站路而是45站路的距离——一个相当大的差异，且这更有可能是真实的。野生牦牛出没的迹象在增加，靠近营地的流水边发现躺着两个死野牦牛。据说这是布刀克（Budok）男人最喜欢的一个猎场，他们来这里放牧羊群。幸运的是，我们没遇到他们，否则，困难可能会增加。

　　7月9日，第2露营地，16英里，海拔17850英尺。离开湖泊

---

①　原文有脚注，其脚注为The droppings of wild yak. 野生牦牛的粪便。

②　原文为"I decided to take him on nolens volens"。

后，又路过了一些鲜花盛开的温泉，我们坚持向东，很轻松地翻越了一个海拔 18025 英尺高的山口。积雪看上去要封锁道路，我在脑海里反复盘算着如何穿行过去。尽管向导仍坚持自己从未到过此地的说法，但他认为，可以穿过积雪，直达南端。

远离我们的北边，壮美的雪域清晰地呈现在眼前。

驮队客中的一个颇受眼疾痛苦的折磨，我们唯一的绷带已在治疗被踢伤的矮马时用光了，因此，把一件衬衫撕成条状来代替。

7 月 10 日，第 3 露营点，20 英里，海拔 17935 英尺。——我们穿过一个山口，然后在一个小湖泊的南边穿越了另一个海拔 18400 英尺的山口，之后，我们沿着一个极长的湖泊前进，这个中间矗立有几座岛屿的高原之湖大体呈南北走向，其海拔是 17930 英尺，它应当是藏区最高的湖泊，也可能是全世界最高的。高湖之南，是冰雪覆盖的区域；高湖之北，是起伏的小山，小山的北面能看清楚的地方，显得非常贫瘠。我们那位拉达克（Ladakhi）向导显得很惧怕卡姆巴（Kham-ba）人，他什么都没做而只是讲述了一些关于这些人的离奇故事。当我觉察到他一定曾在卡姆巴人中待过，才会对其习俗有如此精确的了解后，他对此否认，声称全然不知我们身在何处、将去何地。

7 月 11 日，第 4 露营点；15 英里，海拔 17990 英尺。——离开营地后，我们路遇的第一头野牦牛——一头很好的大公牛，正在水边吃草。索罗尔德（Thorold）博士从后面追上去，在易于掌控的距离内开火，它中了五六枪才倒下。尽管它受伤后，其袭击者全在视野中，但它并未尝试进攻。

而要是水牛或野牛，它们在此等情况下，肯定会发起反击。放眼望去，四面八方，都有数不清的藏羚羊①。

今年 3 月，我们行进到一个死胡同，只好折返。遥远的北方耸立着一座美丽的雪峰。雪峰的南边有一条湍急的河流，河水最终汇集到

---

① 这是 1891 年时的藏区境况，可见近百年来，藏区藏羚羊的数量是何等速度在急剧锐减而濒临灭绝。这不能不引起我们对物种保护的警醒。

藏族牧民

一个湖泊，这个湖泊的水并不清澈，而且含盐量较其他地方少。海鸥、长颈鹅和潜鸟在进食，随处可见的婆罗门鸭（Casarca rutila 赤麻鸭）① 鸣声不绝，懒洋洋地拍打着翅膀飞过我们的头顶，明显透出鸟儿觅食时的乏力。

　　7月12日，第5露营点，16英里，海拔18315英尺。——与以往我们早已习惯的凛冽的西风不同，今日我们愉快地出发在和煦的微风之中。在这个海拔高度，风平静下来的时候还是很舒适的。当典型的西风肆虐时，一个人的思绪难免会飞回自己的祖国，那里有生着火的

─────────────

① 译注：原文为：Brahminy duck（Casarca rutila），作者对读者不易明白或者容易发生误解的物种，往往借助括号再进行一定的补充性解释，比如此处的婆罗门鸭（赤麻鸭）。

温暖的房子。有一些地方的土壤变得如流沙一般，矮种马和骡子走在上面都下沉到膝关节了。男人们卸下了驴背上的行李，扛在了自己的背上。牦牛越来越多，我们看到了三个牛群，分别有 21 只、7 只和 6 只；但我们一只都没有猎杀，因为我们的营地有充足的肉。我们在队伍里十分兴奋，因为看到远处好像有一个人，但通过望远镜才发现原来是一头野驴。

向导拉达克人（Ladakhi）抱怨自己的眼睛真的不好使了，他无法继续带队，但是经医生索罗尔德（Thorold）检查后认定他是在装病，于是更换向导的事就先搁置了。我们轻松地穿过了一个海拔 18590 英尺的山口，但每个人都有点高原反应。我们驻扎的地方鲜草很少，所以把一些携带的干草切碎后喂给所有的牲口。一卷一卷的云几乎覆盖了整个天空。

7 月 13 日，第 6 露营点，22 英里，海拔 17815 英尺。我们径直通过了一个满是流沙的山谷，然后一上一下缓缓地通过了一个海拔 18550 英尺的山口。在路上，索罗尔德（Thorold）射击一只藏羚羊，打伤了它的腿。紧接着我们的藏狗开始追赶，但是只有三条腿的藏羚羊仍飞奔逃跑，但很快体力不支，被我们宰杀了。为了节省物资，我们每天都必须射杀点什么，这对我们来说很容易，这是生存的游戏，也是生存的规则。下午，我骑马到前面寻找水和草；绕过一个山谷，一个大湖突然出现在我眼前，在湖的一边，我们找到了必要的生活必需品——草、水和燃料。考虑到这里的草特别丰富，我们决定在这儿休整一天，因为矮种马亟须休息。

第二天早晨，我带着必要的仪器从湖边出发去测量海拔。结果从营地开始算起似乎是 3 英里，但后来我发现清澈干燥的空气欺骗了我，真实的数值应该是 9 英里左右。我回来的时候，一些西藏野驴不断环绕在我周围，一会儿排成排，一会儿围成圈，像一支骑兵。偶尔还能看到几只小鸟，乌鸦和一种棕色的小鸟是仅有的带有羽毛的动物。虽然休整一天，但我们并没有闲下来，我们忙着给矮种马修马蹄和洗衣服。我仔细观察着天气变化，但天空彤云密布（卷叠云和卷层云），到傍晚时狂风大作，根本无法做任何事情。我们用石头把帐篷加固压牢，夜里我们不安地数着过去的一分一秒，这一切对我来说太过神秘。

7 月 15 日，第 7 露营点，25 英里，海拔 16189 英尺。我们走了很长的路，一路上都没有遇到水。天快黑的时候，牲口们早已口渴难耐，急忙奔向每个路过的水源，但都发现早已干涸。向导拉达克人（Ladakhi）说他知道的唯一水源，就是在这条路终点的湖，一个比其他盐湖都淡的盐湖。我哀求说管不了湖水能否饮用了，夜色渐浓，我们要避免在无尽的黑夜中赶路。于是我们朝向导说的那个湖的方向走去，路上满是陈盐烂泥。

我们到达边缘才发现盐如大海，然后我们试着从边缘挖了几码，弄到了一些水，虽然其盐分较少，但仍无法作为解渴的饮料。可是我们什么也不能做，只能停止找水，直到天明。没有青草，也很难收集到燃料。晚上，我们变得非常渴，我问拉达克人（the Ladakhi）①何时我们能找到水，被告知："如果是神的旨意，我们明天会找到它。"清晨，一场大冰雹来袭。于是，我们用水壶灌满冰雹，并很快开始享受茶饮。如此的提神休整，使我们恢复了体力，并开始行进。

7 月 16 日，第 8 露营点，16 英里，16500 英尺。离开最后营地后，我们沿湖岸线行进。靠近东南方向时，一股壮美的泉水将大量清水注入湖中。随行的牲畜们一下子冲进水中，只顾畅饮。

一条肮脏的红色河水从此湖东端注入，但由于高陡的堤岸把它遮挡得严严实实，稍远处的任何一个角度都发现不了，除非留心找寻。当我们俯视营地时，看到山谷对面有一个黑点，用望远镜检查后，才发现是一个牧民的帐篷。进一步搜寻，看到小山附近有一些绵羊在吃草，于是我派人过去询问，告诉他们我们是要去中国的商人。

他们回来了，带了一些牛奶，告诉我们帐篷里没有男人，只有五个女人，他说五天内我们应该能到达这个叫卡姆巴（Khamba）的大本营，而且一路上都会有帐篷。

---

① 本译著的人名和地名，都在英译汉后，加括号附上原英文拼写，以便查阅和进一步研究之用。

7 月 17 日，第 9 露营点；5 英里，16899 英尺。我们跨过了那条河——一项很困难的操作，因为河底是危险的流沙性质地。随后，停留在附近牧民的营地，这个营地叫作贡玛（Gongma）。在附近的一个水池里，我们发现了很多只鹅，不过它们因为太小还不能飞，可在水里，它们却是那样的表现出色。当我们走近卡姆巴（Khamba）人的帐篷时，两位男人走了过来，他们手里拿着尖端分叉的长火绳枪。他们脸颊两边，各垂一条扎起来的发辫。他们看起来比典型的藏族人更高更瘦一些。衣服在胸前呈斜对角裹压，腰身束紧，他们手握长矛，身佩直剑，剑鞘饰以银色图案和绿松石。他们的衣服颜色脏污，是用皮毛朝里的羊皮拼接而成的，扎上腰带后，显得腰部以上宽松臃肿，腰部以下则长度不及膝盖，如此，就很像短裙。膝盖外露，脚穿色泽鲜艳的羊毛布料的厚长筒袜，袜底是牦牛皮，袜筒盖上小腿，袜口用带子绑紧。他们是真正的游牧民族，生活在黑色的小帐篷里，他们随着季节迁徙，播种农作物，并依赖成群的羊，牦牛和马匹生存。

我们和他们进行了长谈（Pow-wow①）。他们很好奇我们是什么人，也无法弄明白我们究竟要去哪里，因为他们说，走拉萨（Lhasa）的道路朝南，走莎车（Yarkand）的朝北，我回答说，我们是要去中国的商人，在山里迷了路②。他们说，往西南方向是卡姆巴（Khamba）这个游牧民族聚居的地方，但他们绝对不会带我们去那里，说那里的人会合起来反对我们，他们肯定会因为带陌生人进入这个国家而被割断喉咙。但他们给我们指出一条向南行的路，沿此路行四天，可到一处有四个帐篷的地方，从那里出发，我们可沿列城—拉萨路（Leh-Lhasa road）到萨奇（Sakhi）和拉萨。但他们干脆拒绝向我们提供任何向东走的参考信息。

---

① 作者原文用的表述是"We had a long Pow-wow with them"，他用大写的"Pow-wow"当是表示强调会谈和交流的时间之长，以及交流与理解的困难。

② 显然作者在这里是用欺蒙的方式和内容向交谈对象传递非真实信息，我们也可以看作是为了避免引起听话者的反感和阻挠。由此可以想象到，来到中国"考察"的无数个外国人口中所表述的自己的行踪路线、行进意图、所带何物、言行后果及其影响，都值得回味。

尽管到萨奇（Sakhi）的建议根本不适合我，但我还是假装赞同，于是他们同意向我们指明道路，要价40卢比。然后我告诉他们，"这计划是好的，但遗憾的是你不能指出一条通往中国的路，若能那样，我愿付你两倍甚至更多"。随后他们退去，大约一小时后又回来，说他们之间协商后发现有一条路向东通往中国，并愿意做这笔交易，带我们沿此路走十段①。

交谈中，他们十分克制自己的善意友情，经过很多说道后，他们拍拍我的后背，并检查了帐篷里的所有东西。同时，他们强调说，他们之前并未开门见山，是因为他们认为我们是某军队的前哨，现在他们意识到要诚实，基于此达成协议。

这是一个有趣的大国，在接近河流的开阔地带，野兔成群，羚羊随处可见，散落在各处的羊属（Om ammon）头骨，表明旁边的山上会有猛兽潜藏。

风和云自西边恒定地吹送过来。

7月18日，第10露营点；14英里，海拔16874英尺。新向导陪我们开始向东行进。拉达克人（TheLadakhi）显然对我们现正试图进入的国家茫然无知，我们酬谢他们的奖励金额比他所见过的任何数目都大，在接钱的那一刻，他大哭起来，跪在地上抱住我的脚。路上，看到有些牦牛就在我们近旁，我便追赶它们，可在这个国家，所能使用的射击风格令人非常泄气。我没采用常规的潜近方式，错以为它们很温驯，粗心地靠近时，却被一只老奶牛的报警给搅了局。随即，这些牦牛都冲奔逃离。即便如此，我们的猎物袋里也收获了一只羚羊、两只兔子和一只鹅，于是，我们有了大量的肉食。

7月19日，第11露营点；14英里，海拔17274英尺。刚行进了约一二英里路，向导停下来告诉我们此处有两条岔路——一条向东南通浩昌（Hor Chang），经此14天内可到道克索尔（Dokthol），而且在

---

① 考察者用"take us ten marches along it"来表达"需要十次停歇方可走完的路程"这个大体意思。其中"ten marches"中的"march"我们可以理解为"征程"或"路程"，是一个因人而异的丈量路程的约括性历程单元。

此路上，只需四天时间我们就能见到人烟；另一条直行向东穿过一个被称为阿鲁（Aru）的村子，那里有一个大湖。我决定采用第二条路线，虽然他们极力劝我走向南的那条路，并劝诱我们说向东行的话，我们将付给他们比向南行更多的报酬。结束讨价还价之后，我们握了握手，他们为此曾做了尽可能地诚实抗议。

我们所穿行的山谷随处可见西藏野驴和羚羊，山坡上星星点点全是牦牛。我发现了一头壮硕的公牛正自在地吃草，我跟上它，从前一天粗心的结果中吸取教训而小心地接近它，轻松射击，把它撂倒。重新返回队伍时，我发现博士猎获了一只羚羊。北面的山上，雪线清晰，白雪之冠美丽怡人。

显然这周围常有游牧者光顾，因为虽然我们没有遇见他们，但此地周围有很多羊圈。

7月20日，第12露营点；阿鲁，17176英尺海拔。——早上一醒来，我就被驮队客人告知卡姆巴人（Khamba）不讲信用，尽管前一天他们立下承诺和誓言，但还是拒绝穿过阿鲁（Aru）这个村子，理由是离家太久，他们不在时，楚克帕斯（Chukpas）（这些地区常见的土匪）① 可能会洗劫他们的帐篷之家。

我把这些人叫起了床，斥责他们不守信，约定的协议竟敢反悔。接着，我把备好的、按照协议应当首期付给的酬金，展示给他们看，然后招摇地放回口袋，说："行了，我们可以自己找路。"见到钱，他们的贪念升腾。这时，我的驮队客明确指出，"萨黑勃斯（Sahibs）不会每天都到这条路上来的"，于是，这些人的顾虑被打消，他们再次强调了前一天的表态，并附加了很多誓言。

穿过一条海拔17876英尺的山口，再沿着一条长长的窄峡谷下行，迎面就是阿鲁措湖（Lake Aru Cho）②（海拔17150英尺），——一条美丽的水流自北向南流入湖泊，湖边的盐分正如几乎所有的西藏

---

① 括号里的注释是原文内容所译，原文为：Chukpas（brigands common to these parts）。

② 据作者的音译中，作为湖泊名称的 Cho 显然应该按照藏译汉的习惯，译为"措"，譬如羊卓雍措。所以这里的湖泊遵照作者的原文表述 Lake Aru Cho，应该译作阿鲁措湖。可是我们知道"措"就是"湖"或"湖水"之义。

湖泊一样多，整个湖泊呈深蓝色。湖泊的西南和西北方有雪山高耸，直入蓝色天空。而湖水东面，则是低矮起伏的群山。从每一个方面望去，羚羊和牦牛多到不可思议，有的吃草，有的卧躺。这个地方没有树木，不见人迹，这样平静安详的湖水，欧洲人可从未见过。这里是一个野生动物欢聚的牧场，也是猎人向往的天堂。

一出山谷，我们便转而沿着湖的北边前行，约两英里远来到一个淡水池边，就在那儿，我们扎营休息。

第13露营点；14英里，海拔17276英尺。我们继续前进，在湖西长满花草的山脉与水流间，有一大块平地。路上，有一头睡在地坳里的牦牛，在我们经过它身边时突然惊醒而跳起，被狗狗们追出很远。向导告诉我们，刚经过的湖叫作浩帕措（Horpa Cho），那里，有条路经过浩尔（Hor）可达珀鲁（Polu）。这话也许对，也许不对，单个藏族人这样说，让人很难确证。

7月22日，第14露营点；21英里，海拔17701英尺。——我们朝着阿鲁措湖（LakeAru Cho）的北边前行，穿过平地的狭窄处，又有另一个湖，或者说，一个近乎干涸之湖的残存，其北边可见多片补丁一样的盐渍。随后，穿过山脊我们下来到一个咸水池，在这里，我们扎营休息。这里有好多牛粪，我们可以其做燃料而改善处境。

第三章　被我们的向导遗弃

　　7月23日，第15露营点；9英里，海拔17501英尺。——早上4点钟，我被驮队客中的卡利克（Kallick）叫醒，报告令人震惊的消息：卡姆巴（Khamba）男人消失了。我们四处搜寻，发现了马的踪迹，但要跟上他们已经不可能，因为他们走得比我们快得多。我们陷入困境。我们身处一个人迹罕至的荒芜之地，山峦迷宫之中，没人告诉我们哪里有水或草，或者如何抵达一个更适宜热情友好的村落。如果我再次见到这些卡姆巴（Khamba）男人，我想我作为基督教徒的宽恕美德将被遗忘，他们将有遭受无情惩罚的时刻，然而，很难再见到他们，所以发誓报复他们的誓言，显得苍白无力。没有向导，现在我们唯一能做的就是一直往前走。于是我们起程，沿着一条山谷前行，那里有头壮实的公牦牛正在吃草，只是我觉得心有焦虑而无意狩猎，且我们又有足够多的肉食，所以没有理会这只公牦牛。

　　我们所穿越的山谷延伸向一个更大的东西走向的山谷。我们走入这座山谷，继续寻找饮用水，很快，我们找到了一个水池，而且更令我惊喜的是，它竟然是干净可饮的。我立即下令停止行进，虽然我们仅仅前进了9英里，但由于无法确定我们得走多远才可再次遇到水源，何况牲畜们已经显得很疲惫。鉴于我们的卡姆巴（Khamba）朋友的信用危机所带来的背叛，我们谨慎地把宿营地选在了一个有着很高谋划性的位置，并且，夜里我们带着左轮手枪睡觉。这样做，并非担心他们会攻击我们，这一点我毫不怀疑。只是他们清楚地看到了我们是如何射杀羚羊的。在我们的营地附近，发现了人类活动的迹象，譬如用于洗金的木桶和棍棒，两个破瓦罐，一片布料，一些用于捕捉羚羊的陷阱，还有一个坟墓。种种迹象表明，这个地方一定是很久以前就被遗弃了的，也没有见到最近的人类活动迹象。

7月24日，第16露营点；17英里，海拔17501英尺。继续沿一个山谷上行，从一个湖泊之南向北走，北边是一个美丽的雪峰。路上有许多水塘，都或多或少的有盐分，但当过了那些咸水塘，我们终于寻得一汪清泉，宿营在旁边。

周边各处都是风化之后的补丁样的盐渍片，就是由山顶流下来的溪水两边，也被每年这个时候风干的盐分所覆盖。

7月25日，第17露营点；13英里，海拔17600英尺。——我们起程较晚，因为一些矮马在夜里走失了。大清早起来就发现马匹失踪，这简直把人气得要背过气去。尤其是，昨晚早就专门叮嘱过要把它们拴在一起，以便我们最迟在黎明时分即可出发。前行一小段路后，我们眼前豁然开朗，这是一大片牧草丰茂的平原，是我们沿着东—南—东的方向艰难前行之后看到的。下午，我走出离帐篷一边约两英里远，并试图保持一条平行前进的路线，仔细搜寻，意图找到饮用水。终于在一个山洞里发现了一个水池，我把手帕系在登山杖顶端高举着向他们示意；他们立即转向，很快到位。我们还没来得及搭起帐篷，暴风便裹挟着小雨袭击过来。像风暴一样剧烈的这种狂风都是自西南方来的，我们白天看到过，但侥幸躲过了，但这股歇斯底里的狂风却正是来自南边。我们营地边有个蜜蜂的地下殖民地，地表有一些小孔，它们由此进进出出。

7月26日，驻扎未动。前一晚，我们经历了雨雪交替的风暴，而清晨厚重的大雾笼罩四野，无法行进。

因此我们花费了一天的时间检修行装，而来自西南面或西面的暴风雨也一整天没停过。

7月27日，第18露营点；18英里，海拔16837英尺。——又经历了一个暴风雨之夜。起床后，我沮丧地发现，恶劣的天气要了一匹矮马的命，我们觉得丧失了一个很好的畜力。那段时间我们自己背负行装，雪下得很大，我觉得自己很想撤销行进的命令而再驻扎一天；

没有向导的情况下，在一个多山地区①找路，即使是晴天也是困难的，更何况在暴风雪天气里，那几乎是不可能的。然而，好在太阳出来了，这时，我们想我们将会有一个晴朗的天气了。可是没走多远，又一场暴风雪来袭，还伴着雷鸣。幸运的是，乘着风暴的间隙，我成功登上山脊，用指南轴承确认了我们该走的路向。否则，我们可能会在类似平原一样广阔的山谷里漫无目的地行进，直到大雪停止。正是这样，大雪一停，我们发现自己近旁有一个湖泊，还有流水汇入其中，这给了我们充足的淡水供应，所以我们安营扎寨。

我发现，这些风暴几乎总是从南边或西南边袭来，而且，白天是雨，夜晚是雪。只有偶尔情况下，才会有来自北边或东边浅色的云层带来雪。矮马们个个筋疲力尽，一直躺着不动，看起来困难还会增加。

恶劣的天气使矮马们的精力消耗很大，而且行装受潮变湿，比此前更沉。

7月28日，第19营地；11英里，海拔16762英尺。——从一个青草茂盛的开阔山谷开始了我们相当轻松的行进。路上，我们经过了一个营地的痕迹，它不会超过一个月的。我们后来扎营的地方有牧羊人的痕迹，但该痕迹有数年之久。西藏沙鸡②正在筑巢，一旦有人靠近，它们便挥动翅膀缓缓飞离，它们采用啄木鸟的卓越战术来驱离侵入者。

7月29日，第20营地；17英里，海拔17082英尺。在紧跟山谷行进一段距离后，我们转向南走向水滩，那里至少有40头野牦牛在吃草。天空刮起了西风，而且空中多云，但令人惊奇的是，尽管我们周围各个方向都有云，但我们身上却既未落雪也没降雨。

---

① 这里的译作"多山地区"，但是原文作者的表述是"in a mountainous country"，显然我们这里应当将"country"这个词汇理解为"地区"或者"区域"。

② 作者才此处注释为"参见第294页"，其实作者为这种鸟拍摄了照片，"Tibetan-sandgrouse"我们此处暂且翻译为"西藏沙鸡"，或许与作者要表达的意思不能完全对应。

7 月 30 日，驻扎不前。因为前一晚 6 头驴和 18 匹矮马不见了，于是无事可做，只有停止前进，派人去找。我很担心这事儿是楚克帕斯（Chukpas）（土匪）① 做的，尽管并未见到人的痕迹。但这也可能是他们来来去去的时候遇到的什么痕迹提醒了他们，要知道在这种情况下，如果他们没从我们跑失的矮种马的脚印中识破什么，那也只有从前次逃离的西藏野驴的足迹（kiangs' tracks）中辨识出我们的踪迹。

我之所以觉得这事儿是楚克帕斯（Chukpas）做的，就是因为这几头驴子的失踪，因为，这几头驴子可从来没有任何想要叛离的倾向。

相反，每天晚间，他们总是那样友好地挤在帐篷外的背风处，如此使得它们的缰绳绞缠在一起，要是它们跑掉，那是很难的。另一个让人怀疑的事实是，前几个晚上，索罗尔德（Thorold）博士确信他听到一个男人在离我们不远处吹口哨；大家一致认为，如果是楚克帕斯（Chukpas）就在近处却没有袭击我们，那么看起来好像跟踪了我们，如今，牲畜们的失踪，则像是一个与之有关的确认。

我的结论是：放轻松点儿，探险家的生活不可能完全没有焦虑的。当晚睡前就安排搜寻队伍天亮就出发；将给它们配备我们其余驮畜中最好的，并带上食品。非常令人烦心的是，失踪的都是我们最好的驮畜，剩下来的，身体几近全面垮掉。没多久，西边刮起了很猛的风。尽管我们用石头、箱子、米袋子等东西压在钉帐篷的橛上，我们还是担心帐篷会随时被刮倒。入夜之初，无法睡着。但到午夜时，风暴和缓了些，我们才眯了一会儿。

傍晚时分，八匹矮马被带回来了，是在南边的山谷里找到了。这让我比以往任何时候都更疑惑。如果是楚克帕斯（Chukpas）偷走了这些失踪的驮畜，他们很可能会以此索要更多，而如果是驮畜误入歧途，他们则很可能是聚在一起的。总而言之，我还是觉得这很可能是

---

① 原文为 Chukpas（brigands），所以译作楚克帕人（Chukpas）（土匪）。

行进中途的驮队

楚克帕斯（Chukpas）做的，这些被找回的动物，是被赶到一个旁边的峡谷里以图摆脱我们的追踪。另一种解释就是，它们是被西藏野驴引诱离群的。

第二天傍晚，五个找寻者中只有两个人返回，我有点担心其他的人。有个登上位于我们南边山峰的人报告说，山的那边是个大平原，中部有一个湖，但周围没有居民的迹象。到了第三天，令我非常高兴的是，三位未归者中的一人回来了，他带回了驴群；他报告说，另外两人正在沿着失踪驮畜的足迹寻找，他们需要食品补给。我们立即照办。为保证我们有足量的食物储备，我出外猎获了一只羚羊，用传统穆斯林的方式，在射杀后割断了它的喉咙；当我回到营地时，大家就动物如此被处理是否合法而意见分歧很大。有些人认为伊斯兰教的仪式被基督徒施行，这是不算数的；而另一些人则认为，只要是以合适的形式和传统的规则来照办，无论是谁来做仪式，关系不大。而固执己见者也只好为自己的偏见而接受没肉可吃的现实了，因为他们实在不喜欢这种肉。

第四天，所有失踪驮畜都被找回来了，除了一头骡子和四头驴，那个筋疲力尽的男人告诉我们他在往北的三条小路上大概走了三个停歇的路，到了一个淡水湖边，那里有无数的牦牛，他在那里发现了失踪驮畜。马鞍大多都损坏了，为了修补马鞍也为了让那个男人休息，我决定停下来再休整一天，并且利用这一天的时间爬到位于我们南边的一座山上，希望能将远处的地区绘进地图里。

我做到了，我到达了远不止两万英尺的高度，这有很大的难度，因为地面被松散的泥板岩覆盖，我每走一步都得加倍小心。在路上，一大群羊属类动物①走过去，山的远处有无数的牦牛在吃草，但这里的视野完全被另一座山挡住了，我看不到任何景观，所以我就疲惫而失望地回到了营点，雨断断续续地下了一天。傍晚的时候，之前失踪的骡子自己小跑着进了营地，但依然没有那四只驴子的踪影，我决定不管它们而继续前进。

---

①　作者所用的词汇是"Ovis ammon"而不是 sheep，goat 或者如后面用到的 herd，所以只好尊重原文而译为"羊属类动物"。

8月4日，第21露营点，15英里，海拔16482英尺。沿着一条河床走了一天。很多草地。风寒刺骨。

8月5日、6日，第22露营点，行程20英里，宿营地海拔16282英尺。我们沿着一条至少15英里宽的山谷长途行进。北边是一条非常美丽的东西走向的雪山。我们一整天都没有见到水，但随着暮色降临，我们看到一些野牦牛卧在约两英里远的山上，觉得那周围应该有水，我带头向那些牦牛走去，发现了一群羊，共有四十四只，围在几口优质的泉眼周围，这是新鲜的可饮用水。附近还有一些羊圈和做饭的地方，但显然好久没人用过了。

溢出的泉水所形成的水池边，有很多长颈鹅①站在那里，它们太小还不会飞，花了四颗子弹有九只鹅就到手了，得来全不费功夫，我们很高兴再不用像往日一样吃炖羚羊肉了。

我们捕捉到一些深巧克力色的蚱蜢，和普通印度类蚱蜢很不一样。

晚上，为了防止矮种马们走散，我给所有的矮种马都使了绊子，但这似乎收效甚微，早上还是发现几个跛着脚跑了。等到那些马被找到的时候再出发已经太晚了，我们就停驻了一天，下午去散步，打到了几只野兔，看到了很多的牧民踪迹，还发现了一个老鹰的巢穴，巢穴周围的地面覆盖者很多羚羊的尸骨，很多都已碎裂。

8月7日、8日，第23露营点，23英里，海拔16082英尺。沿着山谷前进，旁边有很多泉眼和水塘，但我们前进了约6英里后，就没了，不过到下午五点半我们又找到水源了。有一匹马完全累趴了，甚至没有负载都跟不上队伍，一天里面雨水和冰雹交替袭扰，到了晚上又来了飓风，把一个帐篷吹翻了，直到半夜，大风才渐趋和缓，可是又大雨瓢泼。暴风雨中，有几匹马虽然走不快却还是不见了，直到上午11点也没找见，因此又必须停留一天了，我并不太介意，因为我

———————————

① 作者原文的注释为"参见第300页"。

们营地周边都被绿草覆盖，而好的食料会让他们都恢复精力。我在亚洲从来未见过这种如同英国牧场般的好草地。我们的一个人捡到了一个年代久远的箭头。

8 月 9 日，第 24 露营点，18 英里，海拔 15799 英尺。爬上山脊，看到一片湖泊，湖边盐层围绕，由于驮队客缺盐五天了，而给我们每个人预留的食盐，也只剩一盎司了，所以我们派了一个人下去弄一点盐来。然而，这盐出奇地苦涩，根本没法吃。从山脊望去，一条雪线顺直地南北贯通在我们眼前，雪线显然阻断了前路，我开始惧怕：我们一路走得太顺，却走进了死胡同①。

傍晚，我们遭受了另一场从西边袭来的暴风雨，我们的帐篷都被水淹了。

8 月 10 日，13 英里，海拔 15999 英尺。——早上，一切东西都被水泡湿了，帐篷里的水约有半英寸高，为了等这些都晒干，我们延迟到等太阳出来约一小时后才出发，可是，物品仍没有之前我们带来时那么干燥，还是很潮湿。

沿途各地的特征在变化，红色的岩石和黄色的沙石显现出来，渐渐地越来越像拉达克（Ladakh-like）地貌，我真心希望这不会意味着草地越来越稀少，因为果真如此，那我们就陷入了一种糟糕的境地，驮畜负荷过重又无足够食物。像往日一样，这一天时不时地下几阵西风雨。

8 月 11 日，第 26 营地，12 英里，海拔 16074 英尺。——我们走了 12 英里之后，感觉前方的山就近在眼前了，因此，鉴于身边又发现了水源，所以我下令先停驻下来，再去找一个山口，那里定有便于我们观测的视野。我爬了两个小时终于到达山顶，却发现厚重潮湿的苏格兰式大雾袭来，要想在这种大雾中看到二百码以外是不可能的，我被迫返回。上山找路，很不明智。

---

① 作者原文用的是斜体 "cul de sac"，应该是为了强调这种令一行人担心的情况发生。

一顶帐篷

8月12日，第27营地，11英里，海拔17351英尺。——此前一天的探测找路之举实属徒劳，所以，一开始我也不知道走哪条路。可是待在原地会一无所获，所以我们就直直朝前走，大约走了五个小时后，我们陷入了从未有过的绝望中。峡谷里，有个老旧的村庄遗迹，看起来还是挺大的，房体的部分建于地面之上，这种爱尔兰式规划，就是通过把房屋的地板压低于地面，好使屋顶被抬升。但我的困惑是，他们是如何修建的屋顶，因为附近找不到木材，而且其废墟里也没有木材。所以，很可能是在上面盖的帐篷。

我们看到周围有很多瞪羚（西藏高原产的一种羚羊）①，它们极其聪明，远比羚羊和牦牛都懂得多，在西藏，大多数没有路的地方，它们看到旅行队就迅速逃走了，就好像它们总是会被猎杀一样。

8月13日，第28营地，21英里，海拔16526英尺。——出发后，我们先是穿过一个山口，然后下行到一个山谷里。由于前方的路线没有希望，也没有找到水源的迹象，我们转向南行，后来，在下午的时候，在我们的路线的西南面发现了一个水塘，而且是可饮用的，因此我们就在旁边驻扎下来。就在小路的东边，我们见到了一群红嘴山鸦，这是自离开拉达克（ladakh）后第一次见到。

8月14日，第29营，16英里，海拔16551英尺。贫瘠的山谷斜坡上的碎石土壤很松软，上面是一层盐碱粉末。到下午两点，我们发现了一个小坑，里面有一眼泉水，于是就此扎营。全天天气都很好，可傍晚又下起了雨。

8月15日，第30营地，14英里，海拔16907英尺。——雨断断续续下了一夜，早上我们出发时，下着暴雨，一直下到正午才停。和往常一样，我们要过一个山口，山口那边是一片很大的淡水塘，淡水涨满外溢，像一面湖泊。羚羊、牦牛和高原羚羊在水塘四周吃草，我们还在地面上发现了蓝羊和其他羊属类动物（Ovisammon）的犄角。有一匹总是走在队伍的前面、被称为"指挥官"的优秀矮马，因劳累过度而死。

---

① 原文为"gazelle（goa）"。显然，作者想通过特有词语及其在括号里的提示来强调：这是一种高原羚羊，而且是青藏高原独有的一种羚羊，因此，我们有理由相信作者此处所指的羚羊，应当就是藏羚羊。

8月16日，第31营地，12英里。① ——马儿们被绊子绊住时企图逃走的方式是惊人的。我们早上起来发现几只矮马消失了，我们本来觉得它们那样被绊住后再想逃走显然是不可能的。直到中午也没找回它们，我们于是延迟出发，并诚挚地相信可以在天黑前找到水源，然而，直到夜色降临，还不见水源的影子。我们试着掘地找水，但没找到，然后又加劲挖，可由于天黑不能再继续了。一场暴风雪袭来，我们很快搭起了个帐篷，并且将一个装满雪的水壶架在火堆上。

然而在暴风雪来临前就去追藏羚羊（goa）的索罗尔德博士（Dr. Thorold），仍未回到我们队伍，因此我开了几枪作为信号，指引他找回营地。

8月17日，第32露营点，10英里，海拔16647英尺。——又有矮种马在夜里逃离。我们实在困惑该怎么做才能奏效；除非在夜里任由它们自由去啃草，否则它们无法在白天前进。所以，想要矫正它们，行不通；想要绊住他们，也没用。它们走失的结果就是，我们不得不再次延迟出发。

太阳一出来，昨夜所降之雪融化殆尽，尽管一整天都在下雪，可太阳一出，落雪即化，地上从来不见一点痕迹。

8月18日，第33露营点，14英里，海拔16747英尺。——踩着地上的降雪，我们攀登上一个山口，一出山口顶豁，绵延起伏的高山便赫然挡住了我们前方的去路。然而，待在山口顶豁，奇冷刺骨又无力改善，因而我们就沿着河床下行。随着我们前进，冷风明显变小，显示出将彻底消失的迹象，因此我们尽量远行，以驻扎在可以找到充足水源的地方。

8月19日，17英里，② 海拔16767英尺。——今天，天气转好，风刮向东面，云散了。前一天曾经很明显地挡住我们去路的山脉，仍

---

① 也许因为遗漏，也许是当天没采集到驻地海拔高度，原文中无海拔记录。
② 此处亦未标露营地序号，为尊重原文，原样照译，下同。

旧横亘我们眼前。不过，有个朝南的类山口路径，于是我们沿此方向前进，并越过它，然后我们再继续向东前进。从高地望去，美丽的湖泊是朝向东北的。我们的羊群里的十只绵羊仅剩一只还活着，它是我们用来防备将来某天急缺食物时的储备，鉴于我们已在途中猎获三只藏羚羊，何况我们的境遇显然并未变得失控，因此，偶然性意外似乎还很遥远。

8月20日，第35露营点，17英里，海拔16167英尺。——在一直向上爬高了几英里后，我们突然发现自己已走到了高原的边缘。南边看不到山的影子，而我们前面的山谷云遮雾盖，浓云背后定有山峦，但肯定比我们身后的山要小很多。下行时，看到了藏羚羊、羚羊、蓝羊以及成群的野兔。

8月21日，第36露营点，9英里，海拔15967英尺。——夜里，我们被大雨砸在帐篷上的声音惊醒。黎明时大雨变成降雪，虽然这些矮马们逃离我们并不远，但找到它们确实很难，因为要想看清一百码以外的东西，都是不可能的。

西藏茶壶

大约上午10点，雪停了，我们出发。前面的山完全挡住了我们的去路，因此，往南还是往北走，成为难题；有条小溪向南流，又考虑到下坡比上坡路好走，而且山谷似乎将要向东拐，所以我决定沿小溪往南前进。路上，有好几阵雨夹雪照直扎在我们脸颊上，唯一的困难是如何引导矮马应对这些，所以我们需要缓缓前行。下午，浓云越来越乌黑，虽然我们只走了 9 英里，但我认为还是尽快遮风挡雨的好。于是我们扎营，刚一搭好帐篷，大雨和冰雹就砸了下来，比以往任何时候都猛烈。由于我们能找到的所有牛粪都湿透了，想要煮饭的火很难生着。

幸运的是，我们找到了些稍干的石楠类小枝条生火，牛粪单独不能燃烧，我检查了粮食补给，发现食物紧张，只够每个驮畜早起一满杯谷物，和每个男人熬过十天的干粮（糌粑）；因此我决定把谷物预留储备，全力减少食物消耗。

第四章　遇到牧民

8 月 22 日，第 37 露营点；14 英里，海拔 15547 英尺。——夜里雨下得更大了，但是第二天早上雨就停了，我无意收起湿透而沉重的帐篷，再压在我们虚弱的驮畜身上，于是，我们推迟出发，以待帐篷干燥。

大约前进了三四英里时，我们被路上的印痕惊呆了：一群绵羊、五匹马和一个男人，当然很可能还有更多骑在马上的男人，结成一队。这一印痕也就是在几小时之内形成的，因为昨晚的大雨几乎清洗了路上此前所有的痕迹。由于我们食物即将吃完又需要一个向导，我派两个人沿此印痕追上去，若有可能，就弄些绵羊、面粉、酥油①、食盐和一个向导；如果后者不能实现，起码他们可以告诉我们，从哪个方向走到有人烟的地方，到底有多远。

---

① 作者原来在 ghi 这个词后面用脚注注释了 Clarified butter。尽管作者的原意是把 "酥油" 解释为提炼过的黄油，但实际上，两者稍有差别。西方人一般所说的 Butter（黄油）是指食用黄油，它是用牛奶加工出来的。是把新鲜牛奶加以搅拌之后上层的浓稠状物体滤去部分水分之后的产物。主要用作调味品，营养很好但含脂量很高，所以不宜过多食用。（从生牛奶直接制作），超细黄油（只能采用巴氏菌消毒过的未经冷藏的牛奶或奶油），细质黄油（采用部分冷冻过的牛奶）。在口味上，还可以分为原味、半盐和加盐的黄油。而中国藏族和蒙古族酥油的制作方法与工序是：1. 先将牛奶或羊奶稍加热，然后倒入专门打制酥油的木桶中，桶里有长柄活塞，藏语称为 "甲罗"。活塞比木桶内壁稍小，可以上下自由活动；2. 奶倒入木桶后，即用 "甲罗" 用力上下搅动近千次，奶中的油水即自行分离，油浮在上面，用手捧出，灌进椭圆形或长方形皮口袋中，冷却后即成为块状酥油。牛奶打制的酥油呈黄色，羊奶打制的酥油呈白色；3. 这些酥油制成后即可保存起来随时食用或外运出售。制酥油后剩下的水可以饮用，也可制成 "曲拉"（即奶渣）等奶制品食用。在牧区，也有的将奶倒入陶罐中，反复摇动制成酥油。

　　知道这些牧民性格的不确定性，此二人带了武器，我指导他俩要避免卷入争执，且若非情势所迫不得开枪，要尽最快返回到我们扎营的水源处。派出那两人后，我们继续向一个越过矮山岭的路线前进，此山横亘路上，更显昨夜的强降雨。下山时，我们发现了沟里有一眼泉水，于是在此安营。由于缺乏食物补给，虽然我想再向前推进行程，但考虑到那两个已派出的人，我还是决定暂停前进。泉水边扔着一只羊属动物的头颅，尽管这宣示着动物的存在，但至少其他横加的麻烦看来是没有了。

　　夜幕降临，派去的两人①还不见影子，我把一个灯笼放到靠近我们驻地的山丘上，又在另一个山丘上点了一堆火，以此为暗夜中徘徊的他们做导引。然而，他们没出现。

　　我们进行纬度勘测，由于四周大量云层遮蔽，纬度观测很困难，如此煎熬等到很晚才睡，带着对那两人深深的担忧。

　　8月23日，第38露营点；6英里，海拔15353英尺。早上起来，仍然不见那两个失踪者的影子，于是我爬上附近的山顶，从那里瞭望东面的平原，视野很好。

　　除几头西藏野驴外，我看不到任何有生命的物体，因此，我返回营地派两个人在我们西面的山顶插上一个即兴用衬衫和登山杖做的旗帜，然后，坐下来享受美味的红烧野兔早餐。整个考察过程中的食物补给主要都靠野兔和羚羊。

　　我们刚吃完早饭，就发现旗杆旁的人拼命地打着手势，显然他看到了那两个迷途的人，随即他们俩就到了。他们跟着昌帕斯（Changpas）（生活在昌地区的游牧民族，未被楚克帕斯或强盗所迷惑）的足迹好几英里，最后才看到昌帕人。昌帕人（Changpas）并不同于卡姆

----

①　译者根据上下文翻译为"派去的俩人"，但是作者在原文中用的表述是"themissing men"，也许在此时作者的内心里，此二人是迷失了路途。但是由于上文未作任何语言提示就直接说"失踪"或者"迷途"，似为不妥，故结合上文用"派去的俩人"这个表述。

巴牧民，他们梳着辫子，在荒郊野外对陌生人的恐惧似乎是普遍的，所以试图逃走。但发现想要逃脱又不可能，除非他们丢下羊群。看到对方的同伴这么少，于是他们鼓起勇气停下来，转过身，点燃了他们明火枪上的火引子①，威胁对方若再往前走，就开枪。驮队客卡利克（Kallick）会说藏语（Tibetan），然后他开始跟对方交涉，双方同意共同放下武器。然后，卡利克答应他们，如果他们愿意卖给一些绵羊和酥油，愿出一个很好的价格；如果他们中任何人能把我们带到物资丰富的地方，那么他将得到丰厚的回报。然而，世界上疑心最重的藏族人没人愿意这么做②。

"把钱拿出来，我们自会知道怎么做。"这是唯一能从他们那儿得到的回答。所以，那两个没带足钱的人，只好返回大本营。可他们在夜里行走既没火也没多少吃的，只好睡觉。早上他们看到旗子，于是找回营地。根据此二人对昌帕人（Changpas）驻扎地盘的特征描述，

---

①　既然用的是明火枪，上面装的应当不是"火柴"而应当是类似于"火引子"的一个引火装置，所以此处译为"火引子"，参考原文："lighting the matches of their fire-locks"。

②　原文为"However, the Tibetan, who is the most suspicious person in the world, would have none of it."作者在这里的表述中，显然犯了以偏概全的错误，而且也与他自己在本书中其他地方的表述相矛盾。译者在这里特别强调：其一，中华民族56个兄弟中的藏族同胞，诚信爱国、勤劳勇敢，这是人所共知的；其二，任何一个民族中的任何个体，在遭受祸患、外敌入侵或其他自己不可控或不可知的变化时，多半反应为疑惑与不轻信，这是正常的，也是必要的。作者单纯从自己身处窘境而急于脱困的心情出发下此结论，是一种荒谬的言论，我们必须予以驳斥；其三，本书中很多地方，都表现了作者的一种伪装。伪装成为商人，甚至还伪装成中国人；伪装自己的真实目的；有时说自己是考察，有时说自己是探险，有时还要绘制地图。而且在此日记中，除了像我们一般所理解的考察日记在驻扎日期旁记录行程长度外，还要处处标记海拔。当然，记录海拔高度也可以看作是考察记录的一个习惯，但是，综合当时中国的国际国内形势，我们不能不把这位英国军官的行为，与后来中国的历史、中国西藏的历史进程以及英国政府在其中的作为联系起来考虑。正如译者在本译著的"译者前言"中声明的：此译作，除了可以作为我们了解19世纪外人眼中的西藏风土人情的基本状况，以间接了解西藏的过去；更可以作为我们了解19世纪末期以英国为首的西方国家对中国领土主权的觊觎之心的诸种表象之一，来间接了解当时中国所面临的一系列国际国内复杂形势。

与我们的理解差异很大；他们说，还见到一种我们从没在西藏见过的石鸡①，数量很多。他们还确认，他们曾看见远处有两只猴子；但是，在没有树木甚至几近贫瘠的地区还有猴子，对我来说，这似乎是有反常理的，除非有只被射死的猴子或者有欧洲人看到过②，这才能被确证③。

吃完早餐后，又喝了很多茶水。鉴于他们还是很疲惫，我决定，派他们带上卢比再去，尝试做个交易，换几只绵羊。情况更糟了，我们营地干脆没肉了，而且即使用双筒望远镜仔细搜寻，也未能找到一只野味。送他们出发后，我们搬到离我们六英里远的一个水塘边，这里位于平坦的旷野的中央，这也是给他们俩约好的归队点。

今天天气晴朗，大量的云（积云）从西边涌来。

---

① Chukar 的意思就是"石鸡"。有人又称其为鹧鸪鸟。鹧鸪又称石鸡（学名：Alectoris chukar）为雉科石鸡属的鸟类，俗名朵拉鸡、红腿鸡、嘎嘎鸡、红腿小竹鸡、嘎喇鸡。从本书中可以明显看出，作者有很明显的动物尤其禽类的研究爱好。本日记中，每次提到禽类的时候，作者的兴致比较高。而且，这批人在中国藏区的活动，很多时候的确方向感全无，纯粹是一种"逃命式"的"前进"而已，多次为食物发愁，很多情况下，就只是找到饮用水便宿营，然后第二天就出发、漫无目的地走，这个时候，在本书作者带领下的整个队伍的目的似乎只是"经历过"并"走出去"。而这，也正是本书译者认为很大程度上，本书就是一本 19 世纪末期西方人在"他者"视角下的"旅藏日志"。即使其中有着很多的偏见、错误乃至荒谬至极的看法，我们本着了解、知晓和研究它的目的来翻译出版，也是很有正视的勇气和研究的意义的。鉴于中国西藏特殊的地理状况，很多人对此茫然无知，我们应该本着宽容的眼光、审慎的态度和执着的研究来看待这本日记。因此，译者本意要出版为英汉对照版的，便于大家参考了解并交流探讨。因为，很多误解，其实源于信息交流上的茫然，最后以至盲然。

② 原文是"or at least seen by a European"。可以想象，像这样把欧洲人置于一个可信任的类别而相应地把其余人置十一个不可信的类别的做法，的确让人觉得很滑稽荒谬。不过，反过来也可以理解：此时的作者，已经处于一种即将被饿死又没有出路可循的心理恐慌中，派人找食物又不被信任，此时的他，更加地不信任别人，尤其是不愿提供帮助者的同种族人（同区域或同一国家的人），而从文字来看，二人至少有一人是耿吗客卡利克（Kallick），他会说藏语（Tibetan）。

③ 西藏的确是有猴子，此物种由来已久，只是当时国际学术界尚未对此确认定名而已。本书作者这次穿行西藏的第二年（即 1892 年），产地在西藏腾格尔湖的猕猴，就被 Milne-Edwards 命名为猕猴西藏亚种。模式产地：西藏腾格尔湖（Tengri-nor, Tibet）；原始文献：Rev. Gen. Sciences, 671。

　　上午一直不见此二人的影子，但到下午 4：30 左右，他们回来了，而且他们还说，在他们到达昌帕斯（Changpas）的营地时，他们与一位老人进行了长谈。这位老人很像这些人的头目。这位老人说，绵羊都放出去吃草了，到绵羊入圈时已经太迟，没法当晚带过来，但是，第二天早上他们定会把绵羊送过来的。他们也愿意卖黄油和盐巴，此二者的样品都是妇女们做的。这位老人愿意自己出任向导，要价 100 卢比。晚上，双方相互怀疑，我派出的人退后约半英里的距离，在那里过夜。第二天早上，他们去取允诺交付的绵羊。在到达对方营地时，他们见到老人，对方声称自己愿意兑现前一晚的承诺。正当他们谈话的时候，突然，十六七个人出现了，以冒犯的威胁姿态面对他俩和老人并大声喊叫了一阵后，开枪疯狂射击，子弹四面乱飞。然而，他们中有个人打断了老人坐骑的一条腿。我的伙伴①举起他的卡宾枪返回交火中心，但是老人死死地抓住其枪管，恳求他别这么做，因为一旦有人受伤，我们走后，老人将会因跟陌生人打交道而受到惩罚。

　　老人还告诉他们，他们必须马上走，耽搁下去毫无用处，由于这些人的到来，他现在不敢提供任何东西。因此两人都返回驻地，我的同伴撤退时顺手带了一包盐②。

---

①　原文为"orderly"，该词作为名词时有"勤务兵；传令兵；护理员"的义项。但是从原文来看，这些话是两位被作者派去交易绵羊并找寻向导的人的讲述内容，而此二人都不可能互为对方的"勤务兵"，所以，我们结合上下文译为"同伴"。而且，从用词及其表述中，可以确定的是，此番前去的，依然是此前的那两个人，且仅仅是两个人，也不存在除此二人之外的再派出者，比如作者的"勤务兵"之类的人。何况作者也未在此前的所有文字中表述过自己有"勤务兵"。但是，下文再次出现该词时，似乎又有理解上的矛盾，见下一注释。

②　此处原文为："So both the men returned to camp, my orderly in his retreat carrying off a bag of salt."这里有矛盾，既然此处的语言表述口吻是作者在转述被派去之二人的口述内容，那么这句话中的"both the men returned to camp"就是指"两人都返回驻地"。可是作者此处有了一个令人疑惑的、前后不能贯通的表述：前面刚以单数第三人称的叙事口吻转述了"both the men"以指代"（被派去的）那两个人"，随之就说"my orderly"顺手带盐巴。也就是说，问题在于"my"所意涵的那个"I"是谁呢？是作者自己？还是上文给作者汇报经历的那个讲述者呢？显然作者指代不清。我们这里暂且理解并译为"我的同伴"，叙述者"我"是两位派出者中的一位。

　　在所有这些既不受制于清朝中央政府，也不受制于拉萨地方政府的藏族游牧民身上①，有一种特征是非常相同的——多疑，贪婪且贪得无厌。他们是极难对付的。在这种情况下，我有意不亲自去靠近他们，正如差不多所有的亚洲人都疑心欧洲人一样，尽管我的人员从拉达克冒充商人就可以很容易地进入这里，但不论你是谁，在西藏的这些地区却有所不同；对陌生人，如果他们敢的话，其行为总是相同的——抢劫②。在我们的边境附近，当地人看待欧洲人（Europeans）时的怀疑与恐惧是很容易被理解的③，但在西藏中部地区（Central Tibet），这种怀疑态度似乎与一般意义上的人性相关，牧民们的每一个团体都惧怕其他每一个团体④。缺乏必要的勇气，这是唯一能阻止他

---

① 这句话的原文是："The character of all these Tibetan nomads, who appear totally independent of either China or Lhasa, is much the same—suspicious, greedy, and avaricious." 结合当时的中国实际情况和历史事实，译者认为，不论这本日记体游记的作者身份和写作目的如何定位，但在理解了这句话所对应对位的实情后，就应当分别把"China"和"Lhasa"对应译作"清朝中央政府"和"拉萨地方政府"。何况作者在语句表达中有对我国藏族同胞的误解、贬低乃至诋毁。漠视历史的人，要么因为无知，要么出于邪心。人所共知，元朝时期，藏族地区就正式纳入了祖国版图，成为中国领土神圣不可分割的一部分。译者之所以坚持把这些内容译出并使之面世，就是想让世人了解，某些人亲近英国人、投靠西方，却不知道我们藏族同胞中的一些人在这些善于伪装自己内心所想的人心目中是被如何看待的。

② 参考原文："but with the Tibetan of these parts it makes little difference who you are; towards strangers their conduct is always the same, —robbery, if they dare." 但实际上，被作者所"猜测"的这些藏族牧民并未如作者所言对他们进行"抢劫"，只是对其不信任而不愿与其合作而已。

③ 这句话的原文是："Near our frontier it is easy to understand the suspicion and fear with which natives look on Europeans"。请注意本书的作者是位英国人，结合历史背景，我们知道，他在自己 1896 年的日记里所提到的上述话语中的"our frontier"显然不是指英国本土的"边境"，因为其本土边境与亚洲人无缘，而此处当是指当时被英国殖民的印度的北方边境。

④ 作者对此问题困惑的结果，就是以自己所揣测的所谓的普遍人性以及所谓的对牧民性格的理解，这种理解显然是片面的，这说明该书的作者还很缺乏对中国藏族牧民的深刻了解。也许是囿于其独特的身份，他不能也无法像我们中华民族自己人对藏族同胞中牧民的了解。据藏文史籍记载，吐蕃王室的始祖崛起于西藏山南地区的雅隆河谷，为"六牦牛"部的首领，在松赞干布以前已传 20 余世。公元 641 年，赞普松赞干布与唐朝的文成公主联姻，被唐封为驸马都尉、西海郡王。公元 710 年，墀德祖赞又与唐朝的金城公主联姻，由于与东部中原地带的政治、经济、文化等方面的交往，使西藏社会逐步有了很大发展，由此揭开藏汉文化交流史上的新篇章。

们成为拔尖土匪①的东西。

　　我们现在的窘境，比以往都更糟。白等两天，就意味着干耗两天的食物。也没猎获任何野味。至于食盐，曾经有段时间干脆短缺，但我们很高兴如今弄到了它，虽如此，相比它，一袋面粉更有价值些。

　　8月25日，39营地；23英里，海拔15146英尺。——希望找到向导的所有希望破灭后，我们开始尝试找到来腾格尔湖（Tengri Nor）的路径，从那里将很容易找到一条通往夏博登·高木巴（Shiabden Gomba）或塔龙·高木巴（Talung Gomba）的路，在此二者中的任一个地方，都能弄到物资补给。依照那两位被派出者在昌帕斯营地（Changpas' Camp）偶尔听到的信息来看，到腾格尔湖（Tengri Nor）还有十天的距离。但按照牧民的穿行方式，十天时间，可以延伸到一个相当大的范围。由于我们不知路径，我们很可能走的是与最捷径相背离的路，因此这十天能到的路程对于我们来说很可能意味着要二十天。这天我们行进到一个水塘边，这个水塘是雨水蓄积在防渗黏土层上形成的，取水足够容易，只可惜无法弄到食物。所有我们尽力猎获的，就只有袋子里比英国兔还小很多的那三只野兔，可那对于11个饥饿的男人来说，远远不够。我们队伍里那个印度斯坦人说服了好几个人，认为吃由基督徒按伊斯兰教律法屠宰②的动物肉，就会违反教法。这是个大麻烦，因为我们的行程中经常射杀动物，而射杀之处距

---

　　①　本书作者对藏族本土牧民的认识和理解，以及其在文中的用词，都是让我们意外的。譬如这里用"excellent"来修饰"brigands"，让人觉得作者似乎欣赏"土匪"这个群体而用了"优秀；杰出"这样的形容词来修饰。真让人觉得不可思议。而且，作者还认为藏族牧民"缺乏""勇气"。如果"勇气"是指"勇往直前的气魄"或者"敢想敢干毫不畏惧的气概"，我想，他们并不缺乏，作者的描述中已经证明了他们并不缺乏，更何况，在数年后抗击英国侵略时的藏族同胞更是不缺乏"勇气"。更何况我们知道，"勇敢是智慧和一定程度教养的必然结果"，无须做"土匪"，也无须借此来求"杰出"。这本书的最重要价值不在于其文学性，而在于其给我们展示的别种视角及其视域中的文字表述。

　　②　这句话的英文原文为：The one Hindustanii in the party having persuaded a certain number of men that it is not lawful to eat the flesh of an animal hallaled by a Christian. 作者在原文为"hallaled"这个词做了脚注：Cutting the throat of an animal for food according to the Mussulman rites.（按照伊斯兰教的仪式要求将被宰杀的动物割喉。）

队伍还有很远的距离，等到任一信伊斯兰教的驮队客赶到地点再举行特定仪式时，猎获的动物往往早已死了。不过，我们队伍中大多数人认为，若不谨遵规定地在动物昏迷后的任何时间切割喉咙，那么，把动物带回到营地再举行特定宣誓仪式时，它还能活着①。

有一次，我猎获了一只羚羊，在到达营地一小时后，指明朝向并派人去按照教规来高声赞主。在颈静脉被割断几小时后，这个动物被他带进营地时，他严肃地证明，它是还活着。

当我们经过长途跋涉后，正享受一杯茶的时候，突然，五头西藏野驴出现在视线范围大概两英里之外。我特别累，不想动，但无论如何又得弄到肉，所以提上我的步枪，我开始跟上它们。它们在一片四处无遮挡的旷野上，想要"潜近"是不可能的，所以，当离它们有大约四分之一英里时，我开始以一个转弯抹角的方向移动，逐渐贴近。当我靠近到250码之内时，它们警觉起来，列成一队慢慢离开。卧倒

---

① 这段话的原文是：However, most of the men were willing, if not observed, to cut the throat any time after the animal's death, and on returning to camp to swear it was alive when the ceremony was performed. 请注意，这段原文中，不知是由于语言本身的局限性还是由于作者本人本就不了解伊斯兰教的屠宰法，其表述中，有几个值得注意的问题：其一，本来应为"割断颈静脉"的做法被他表述为"cut the throat"；其二，本来为"动物昏迷"失去感觉而被他表述为"after the animal's death"，而此言与下文的"was alive"又有矛盾。其实，伊斯兰式屠宰法（即用利刃屠宰的方法）对动物是一种怜悯，使动物失去"感觉"和痛楚，而并不使它们失去"知觉"，这样呼吸和脉搏自然反应，将血液从刀口排出体外，同时，肌肉的收缩和四蹄的蹬动亦加剧排血，直到排尽。这样宰得的肉才算干净卫生。这是因为"痛疼感"是皮下痛觉神经的特有功能，切断痛觉神经等于使动物麻醉。其次，颈静脉被割断后，大脑供血中断，脑细胞缺氧，动物便失去"感觉"。教法规定：伊斯兰的屠宰法分两种：正常的、特殊的。正常的屠宰法，要宰断四管：气管、食管和两根静脉管，最起码要断其三管。因而，万不可宰在喉结之上，因为气管、食管在喉结之下。喉结俗衔疙瘩，若宰在喉结之上，则难以按要求宰断。特殊的屠宰法指在特殊情况下，例如：牛或羊掉进井里，或头朝下卡在土窖中，而且随时会死亡。此时，可择其要害部位以利器放血致死亡，其肉可食。宰牲的主命条件：一、宰牲者必须是穆斯林，应会念清真言，作证词和《古兰经》常带大小净，谨守斋拜。符合条件的妇女亦可宰。二、宰牲时必须高声赞主，以安拉之名而宰，因动物乃安拉的被造物，人无权利以自己的名义而宰。三、宰断四管。综上来看，也许是语言交流上的障碍使得作者未能理解穆斯林兄弟的意图，又也许是特殊环境下很难谨遵宗教特定律法，总之困难重重。

一个藏民的问候

后，我稳稳地命中一枪，但它们似乎一个都没受伤地全疾奔而去，冲出两百码后，其中一个一头栽倒，一动不动地躺着。我冲过去，发现是一头很肥的母驴，它的肉至少可以够我们所有人食用三天，也许还吃不完。子弹从肩后穿入，离心脏特别远。我从未见过有这么多脂肪的野生动物，它的胃简直是被油脂给裹起来的。

　　8月26日，第40营地；25英里，海拔15171英尺。——沿一个开阔山谷的坡地上行较长距离，这座山谷看似切断了我们眼前的山脊。沿途一直没水，到了下午，我开始为此焦虑。然而，我们刚到山脊之顶，一个美景映入眼帘：一个比我们此前穿越的山谷更低的谷地，可喜的是这个山谷里有一些水池，还有一群绵羊。

　　我们下行到最近的水塘边，在离一些牧民黑帐篷半英里远的地方宿营。他们到底是楚克帕人（Chukpas）（强盗）还是道克帕人（Dokpas）（普通牧民），这是一个令我们相当疑惑的问题。然而，无论他们是不是强盗，我们想要水，所以不得不在离他们近的地方宿营。我希望去他们的帐篷，看看我们是否能得到一些物资，但是被驮队客劝说别去，他说，如果一个欧洲人被看出所有的希望在于救济，那么他将会失败；所以我放弃了这个想法并且让我们的两个人自己过去。傍晚的晚些时候，他们回来了，报告说，这个生人是道克帕人（Dokpas），不再像我们先前见的昌帕人（Changpas）一样留着辫子，他们平端着火绳枪接纳了来客。不过，在确信来客的友好意图后，他们敌意消除，热情邀请两人进帐篷喝茶。道克帕人（Dokpas）为自己适才明显敌意的接待而请求原谅，并解释说，他们生活在楚克帕人（Chukpas）带来的巨大恐惧中，担心我们是那些人中的一部分，但现在意识到自己弄错了。喝茶后，我的人呈示了物资补给条目，回答说在第二天一早，我们准能收到任何一样我们想要的，但现在天太黑了没法查看绵羊。之后提出了向导的问题，但他们没有答应，说如果他们提供了向导，他们将会因带陌生人进入这个地区而受到惩罚。

他们在解答朝向不同地点的方向与距离方面的问题时，很老练，显然其答话是有意欺骗。鉴于从他们那里再得不到什么，此二人返回了营地。

第41露营点[①]；4英里，海拔15346英尺。——这地方被称为斯拉·纳格蒙（Sira Nagmo）。早上，天刚露出第一丝光亮，卡里克（Kallick）和阿卜杜勒·拉赫曼（Abdul Rahman）这两个昨晚曾一起去的人再次出发去道克帕人（Dokpas）的营地。到了那里，二人发现对方正把东西打包好了要搬走。经过好一番讨价还价后，采购了一些黄油，一些苏图（suttoo）（糌粑、烤干的青稞，磨碎的），和五只绵羊，每只三卢比，用一些珊瑚珠子换了些糌粑和黄油，珊瑚珠子相对要比卢比值钱些。

交易结束后，他们表达自己确信我们队伍里有欧洲人，并对卡利

---

① 原文此处无日期，从上下文来看，当是 8 月 27 日。

克（Kallick）的声称表示怀疑，因为后者告诉他们，我们是一群自拉达克前往腾格尔湖的朝圣者。他们因此拒绝交付谈妥购买的物品，除非他们自己亲眼看到我们队伍内没有欧洲人。于是此二人开始返回我们营地，带着黄油、糌粑和绵羊。卡里克（Kallick）骑着马先行疾驰而来，甩开道克帕人（Dokpas）500 码的距离先到我们营地，所以我们有很多时间来换装；到他们来到我们营地的时候，穿着破旧的本地衣服的索罗尔德博士（Doctor Thorold）牵着一匹矮马，看起来不像个他本来那样的医疗人员，而我，用借来的华丽的衣服，扮演着一个穆斯林商人的角色。①

一到营地，道克帕人（Dokpas）以我从未见过的伸舌头的方式向我们行礼，我也迅速伸出我的舌头作为回礼。随后，我们进行了长久的交谈，他们拒绝了我想要贿赂他们以提供路线向导的企图，但在离开前，由于很满意我们队伍中没有欧洲人，因此交付了所有物资②。不过，我们坚定认为未来的日子里一直穿本地服装，这才是明智的，因为我们随时都有可能遇见这些多疑的藏人中的一些。这些道克帕人（Dokpas）不同于昌帕人（Changpas），他们似乎多少受了些拉萨的影响。他们在饮食方面也表现出很大差异，吃一定量的糌粑，而昌帕人（Changpas）则明显几乎全靠牛羊的出产为生。

由于谈判花去了午前的时间，因此我们无法按原计划行进，在我们出发后遇到的第一个水源边扎营。我们刚一进帐篷，早上还晴朗的天气变了，自西边而来的大雨浇了下来。

8 月 28 日，第 42 营地，21 英里，海拔 14796 英尺。——爬上一

---

① 显然，作者所用的"play"和"look...like..."等表达，充分表明了这次看似惊险地逃避检查的活动中，作者及其配合者们都分别"扮演"着什么样的角色。这是一次"扮演"，也是一次"假装""假扮""伪装"，实质是一次欺骗。

② 从文中的表述来看，善良单纯的道克帕人（Dokpas）被顺利欺骗，误以为对方就是穿着破烂的当地人和穿着华丽的穆斯林商人，竟然也没有认出对方欧洲人的体貌特征，还给了物资补给。不过，也能够看出这些尽管显得落后乃至荒蛮的地方，其人民也能够感知并警惕到欧洲人的"威胁"，把他们像敌人一样戒备，足见被戒备的人肯定做出了值得戒备的事情，至少即使是如此消息闭塞的地方也听到了某种不利于自己和本民族安定祥和的事情发生。

段长长的攀升之路后，再下行进入一个峡谷。在峡谷里，我们找到了一眼泉水，于是扎营。路上，我看到一个我们以为是牧民帐篷的东西，但当我靠近它时，发现它只是一堆被绳索捆起来的羊毛而已，并没有什么人。

大地被峡谷切断，这无疑是我们在这个地区遇到的最糟糕的。如何找到出路，这似乎成了一个谜。由于不受时限，走出去似乎并不难，但我们储藏的食物已不允许我们继续耽搁。加上从道克帕人（Dokpas）那儿得到的 80 磅，我们就一共有 140 磅的糌粑。在没有更多食物供给的情况下，对在没有向导的山区生存的 11 个人而言，这显然并不算多。

8 月 29 日，第 43 营地，海拔 14621 英尺。——这个地区的溪流每一个侧面都被峡谷切断，使得道路完全不通。因此，我们只能顺着河床前进，尽管有很多的溪流在蜿蜒向前，但从地理意义上说，我们前而不进。最终，我们来到一个贯穿南北的山谷，由于一条溪流从另一头流进这个山谷，于是，我们充分利用河床走向、紧跟着它来保持朝东行的方向。这是一个很短的曲流，大约两英里后，我们来到一个平原上，在那里，我想我们受峡谷困扰的问题解决了。然而，我们没走多远就遇到了一处悬崖。悬崖脚下，一股巨大的溪流泛着白浪，向南涌去。在找到一个可以下行的地方之前，我们只好沿悬崖边前行一些距离。慢慢往下走，我们发现我们处在离开印度河（Indus）之后见到的最大溪流堤岸。

这个溪流大约 3 英尺深，且水流非常湍急。尽管我们有一只驮畜被急流冲倒而险些淹死，但所有的动物最终还是安全过了河。我们涉水的这个地方非常符合我们的目的，这条水流被分隔成三四条支流，最大的那股支流对于矮马和骡子来说无法涉水而过，在刚进入这个季节时，我想是绝不可能从这条河的任何地方通过的。

大致拧干衣服后，我们沿着支流的河床走了几英里，在离牧民的帐篷大约两公里处扎营。我随即派一些人去寻找食物补给，天刚黑，他们便返回了，成功带回了 80 磅糌粑、20 磅小麦面粉和一些黄油，还有一个很大的猎获物，后者使得我们的每日半饱口粮能成功实现全饱了。道克帕人（Dokpas）中有个来自拉萨（Lhasa）的征集贡品的官员，一直特别用心打听是否有英国人在队伍里，因为他们听到传言这里将会爆发一场与英国人的战争①。当然，他们被告知，这里并没有英国人。基于此，他们问我们是否持有护照，还想知道护照上是否有拉达克国王（Rajah of Ladakh）的印鉴。每次需要说谎时，我们中的一个绅士总是很积极地向他们保证：一切都是合乎规定的。其实，拉达克的国王（Rajah of Ladakh）五十年前已被废黜，看来这儿的消息并不灵通。

谈话过程中证实了几个地理事实：我们离拉萨（Lhasa）还有12天的距离，路上有个地方叫作卓姆拉（Dhomra），一个高级官员驻扎在那里。一路上我们会遇到很多当地居民，若是他们怀疑有英国人的存在，我们就会有麻烦。因此我们无能为力，尽管不喜欢，但我们还是坚持化装成当地人，直到我们遇上某个负责人②。我们刚刚蹚过的那条河水汇入卓克西措湖（LakeChuksi Cho），这个湖离我们还有一天行程的距离，这个湖泊很大，骑马绕湖一圈得7天时间。

8月30日，第44露营点，13英里，海拔14796英尺。今天清晨，索罗尔德博士（Dr. Thorold）和我正在吃早餐，一个道克帕（Dokpa）突然出现，很显然是前来刺探情况。我们钻进自己的帐篷，他则被带入驮队客的帐篷品尝款待他的茶。在喝茶的过程中他问了很多隐蔽的问题。这个不速之客一离开，我们就装载货物起程了。穿过山口之后我们沿着溪流的河床向下前行，当我们继续前进时，三个藏民（Tibetans）尾随跟踪。我停下来询问他们想要什么，他回答说他们只想知道我们是否想买一些糌粑，因此我允许他们等我们一扎营，就来履行诺言。不一会儿，顺便来访的人增大了他们的队伍，一开始是两三个人，直至他们人数超过了我们驮队客的人数，其中还有四个

<hr/>

① 结合后来的历史事件来看，拉萨地方政府的担心与预测，并非空穴来风。
② 由此似乎看出，作者惧怕的是老百姓，愿意遇到的是官方负责人。是否可以理解为老百姓受教育太少、信息闭塞乃至不明事理，而某位或某些官方负责人则会比老百姓好打交道些？甚至能够给他们保护和安全感？这中间，哪些是误解？哪些是实情？哪些又是不可告人的？都值得反思和深究。

女人。

　　偶然转身时，我看到那几个女人被遣走，因此我觉得这是个可疑的迹象，于是停下来，告诉那些藏民（Tibetans）我们持有护照，在此旅游，不能被干涉，也不允许他们继续跟着了。经过一番交谈，他们停了下来，最终，他们转身返回。

　　从他们告诉给我的信息中明白，拉萨（Lhasa）官方已经去找庄（Zhung）或地区首领，几天后他将会赶上我们。

　　根据他们的说法，从我们营地的那条路走，通过两个湖泊之间，再朝南边穿过一个山口，就可到拉萨（Lhasa），但第二天我们发现，他们如此说只是为了误导我们，它实际指向的是扎什伦布（Tashi Lunpo）。

第五章　在拉萨附近

8月31日，第45露营点；20英里，海拔15621英尺。——清晨，一个穷困的行乞喇嘛（Lama）来到我们的帐篷讨要施舍物，他也可能是来侦察刺探。他说我们路向一直被指错了，这条向南的路通往扎什伦布（Tashi Lunpo），往拉萨去的话，得穿过山中的一片洼地向东走。由于他所说的与我自己的观察更为一致，我得出结论是他说了实话，因此我们开始朝东出发。这个山谷里布满了黑色的帐篷，随处可见羊群和温驯的牦牛在吃草。西藏原羚和西藏野驴同样可以见到，前者野性很强，而后者则成群结队，明显地充满好奇。从山谷的入口开始，我们就顺着泉水所形成的溪流的河床前行，走到了一个有些高度的类似于平原的空地上，在那儿我们再一次见到了老朋友——藏羚羊。我们有些天没有看见藏羚羊了，它们几乎从不下到15000英尺以下的地方来，显然，它们也很少到低于16000英尺或17000英尺的地方来。晚上，降下一场自西而来的大雨。

9月1日，第46露营点；17英里，海拔15358英尺。——离开帐篷，我们穿过一个窄峡谷，眼前现出一个广阔的山谷，里面有一个很大的湖泊。正当我们走近这个湖时，三个骑马的男人将我们抓了起来，其中有一个似乎是首领。他想了解我们的一切，当我们出示中国护照时，他一点也不满意，并说前一年有两个俄罗斯人（我猜测他说的是两个法国旅行者M. 伯瓦尔特［M. Bonvalot］和奥尔良的亨利王子［Prince Henri of Orleans］）来到这儿，同样也出示了中国护照。随后消息立即从清朝中央政府传来，护照是在疏忽时被签发的，但也未就此事下发布告，因此，所有的欧洲人严禁入境。随后他要我们停止前行，并同时跟其上级进行沟通。我拒绝听从，并告诉他我们去往拉萨（Lhasa）的唯一理由是得弄到食物，我们此行真正的目的是到中国内地去。如果他能提供我们想要的，我们将会绕行拉萨北部并继续朝东前行。然而他们对此并不同意，他说他收到自拉萨来的情报称，有一支入侵中国西藏的英国侵略者（English invasion of Tibet），预计从昌（Chang）方向前来，因此他怀疑我们的队伍是先锋卫队。

我们营地附近有三块如同萨里斯布里平原（Salisbury Plain）上直立的那种石头，紧邻它们的是几栋方形的石头房子。看到它们，我感到很惊讶，因为它上面的那个我们迄今为止看到的建筑线条里的最高梯间，是一些旧羊圈①。傍晚，来了更多藏人，驻扎在距我们不远处，前来试图劝导我们停止前行，但当他们极力劝阻无果后就撤走了。

9月2日，第47露营点；18英里，海拔15773英尺。——离开上一个营后不久，我们发现自己到了汇入湖泊的一支大径流的岸边。尽管它被分割成很多支流，但我们寻找可涉渡的浅滩时，还是花了很多时间，最终，我们艰难地涉水过河，所有的寝具和行李都浸湿了。再远一点，还有一个径流，尽管没有前一个水量大，但由于河底的岩石和湍急的水流，几乎同样难以渡过。过河后，我们上行到南边的一个山谷里安营。我们搭建帐篷时，许多手持长剑和火绳枪的人来了，行进到我们前方不远处扎营。跟在他们身后的人更多，在另一头扎营，这样，就完全包围了我们。我派了两个人前去询问他们想要什么，他们的答话是这是他们的地盘，他们在自己的土地上来回走动——这个答案我们无法反驳。

第48露营点；12英里，海拔16148英尺。——一夜瓢泼大雨之后，我们继续沿山谷上行。途经牧民们的营地时，他们都冲出营地，个个吐出大舌头。他们中间有个人看似头人，是个有点儿干瘦的"黑矮"（Black Dwarf）老者，并且跛足。我问他是否愿意售卖食品物资，

---

① 这段话的原文是：I was surprised at seeing them, as the highest flights in the architectural line that we had hitherto seen were some old sheep-pens. 从原文来看，作者的表达有一些模糊不清的地方。

在多次讨价还价后，他给我们以 15 卢比的奇高价格卖了 1 莫恩德（maund）糌粑（82 磅）。我们离开时，头人答应会带着大量食品补给追上我们的。他是如约很快赶上我们了，但没带任何食品补给。而且，他的护卫队人数令人疑惑地加倍了。第二天早上，当我们准备要出发时，从道克帕人帐篷里派来一个代表，劝告说由于我们的帐篷肯定还没晾干，应该停驻以待其干透。由于帐篷已经 5 周没有干透了，帐篷没干透不可能成为影响我们进程的考量因素，我们明确告知他们。

委托的代表走了，同样位置出现了老"黑矮"（Black Dwarf），他恳求我们暂停两个小时左右，以便给个把钟头就能赶到的庄（Zuang）或官员赶上我们的机会。由于雨夹雪下得很大，无论如何装载行囊也需要将近一小时，于是我答应了他的请求。还不到一个小时，大人物来了，旁边陪着一个次要角色。他去了道克帕人（Dokpas）的帐篷，派了四个人来质问我们的身份和我们来此之目的。对此，我的回答是：如果他想知道，最好他自己来，因为我不愿受卑仆质询。

大人物一接到我的信息，就在次要角色和十几个平民奉承者的陪同下，来到我们的营地。我领他们进了我的帐篷，招呼他们坐在雅克丹斯（yakdans）上，之后他们突然开口就问："你们是什么人？来这儿想干什么？"我回答说："我们是英国人，从拉达克（Ladakh）来，要去中国内地，这是我们的护照，我们不想去拉萨，向南走只是想弄些补给，若能给我们补给和向导，我们将继续向东的旅行。"

他们回答说，若我们试图继续行进，那么他们将不得不对抗我们，因为如果他们不这样做，他们肯定会掉脑袋。若我们开打而杀了他们，那只不过跟在拉萨（Lhasa）因抗命被处死的下场一样。他们毫不动摇地做此决定，我也丝毫不怀疑他们会试图武力阻止，若我们定要冒险前进的话。所以，我认为最好能与他们达成谅解，在就每一个细枝末节争论乃至累赘陈述之后，达成如下协议：

（1）要么朝东，要么朝南，带我们到一个三程远①的、水草丰茂的地方。（2）为让拉萨方面解决问题，也便于任何被派来的官员见我们，我们将在那里停歇15天。（3）在我们停歇期间，将给我们每天供应一只绵羊、12磅面粉、12磅糌粑②和1磅黄油，据说供应价低于市场价。

（4）保证我们的人身和财产安全，若有物品被盗，将等价补偿我们。协议起草后，在他们离开之前，我给了他们每人一个小礼物，暗示若能把我们将来遇到的麻烦事件有个满意的安置，会有其他更有价值的东西。

他们是两方面都比流浪的道克帕人（Dokpas）③要优秀很多的一类人，智力体力两方面他们都很棒，而且在这两方面，他们有着掷地有声的个性特征④。至于他们的衣服，他们穿着一般喇嘛（Lamas）穿的暗红色羊毛制服装；环肩有个带子，上面捆揽着7英寸长4英寸宽的微型佛龛，里面装有经卷和其他东西。他们的头发梳成辫子，装饰了绿松石等很多东西，全从头顶往后辫，这与普通的藏民发式迥然不同，对于没用刷子、梳子、肥皂或水来打理而像禾束堆一样的头发，那个辫子只是个饰物。他们淡化中国内地对西藏地区的影响，甚至全

① 作者在文中频繁使用的一个词是"march"，一般情况下的意思是"起程""出发"与"行进"等。但也有用作量词，表达的意思类似于"一个停歇"的距离，那么这里的"three marches off"的意思就是"三个停歇"也即"三个行程"，此处译作略语"三程"。

② 此处原文是"12 lbs. tsampa"，也就是说此处用"tsampa"来表述"糌粑"这个意思。而作者在本文中更多使用的是苏图（Suttoo），我们注意到他用的是首字母大写的英文单词"Suttoo"，而且曾经在其后的括号内用"tsampa"注释。简言之，在作者本书中，"糌粑"这个食品似乎是可以用"Suttoo"和"tsampa"来互换表述的。

③ 原文为"the wandering Dokpas"。作者在这里用了"wandering"这个词来描述道克帕人（Dokpas），可能是基于其"游牧"这个特征而被强调了其他不符合作者这些人喜好的方面，将"wandering"侧重于贬抑表达，但译者没有采用"游荡"这一义项，而用了"流浪"这个中性义项。

④ 这段话的原文是："They were both men of a very superior type to the wandering Dokpas; intellectually and physically they were fine men, and about both there was an air of pronounced iudividuality."

然嘲弄清朝中央政府腐败无能，对涉及国家主权的西藏地方事务管控不力，还说在西藏，唯一的统治者就是天神庄（DevaZhung）（拉萨的中心政府——该术语有时也表述为达赖喇嘛［Talai Lama]）①。晚上下了暴雨，由于没有找到干燥的牛粪，我们难以煮东西，只得用撑帐篷的杆柱来做燃料。

藏民的耳环

9月5日，第49露营点；23英里，海拔15523英尺。——我们的朋友，西藏高官并未准备跟我们一起出发，显然他们还沉迷于在印度被称作"欧洲之晨"的奢享中，只是派了一个男孩来给我们指出那条通往我们商定停驻之地的路。与我们同方向的路上，行进着一个庞大的商队，有大约400头牦牛，50匹马，几千只羊。从给我们的答话中得知，他们是一队商人，家住距此45天路程之远的内地。他们把物品从内地带到这里，换了这些现今要带回去的活畜。然而，一些追上了我们的藏族官员的侍从，却讲述了迥异的故事，说他们是楚克帕斯（Chukpas）（强盗），所有这些牲畜，都是这些人通过其他渠道倒手弄来的，远非商业途径所得。所以，我们驻扎地最好离远点。因此，按照这一建议，在这群披着羊皮的狼停歇后，我们继续往前再赶了8英里的路，在一条流入大湖的溪岸建营。这里的每个方向都能看到有很多牧民的黑帐篷。

9月6日，第50露营点；30英里，海拔15423英尺。——离开第49营地几英里后，我们穿过了一个两湖之间的细长颈地，北边那个湖

---

① 这段话的原文是："They made light of Chinese influence in Tibet, utterly ridiculing the i-dea of Chinese supremacy and saying the only ruler in Tibet was the Deva Zhung (Central-Government of Lhasa, —the term is also sometimes applied to the Talai Lama)."

广阔无限，而南边那个则呈现出极其不规则的形状，每个方向都有支流冲向山谷，岛洲散布湖面，其中一些还相当大。南部覆有积雪的锥形高峰投影在它对面，奇异美绝；而使之与其他西藏湖泊有很大差异的仍是它的鲜活水。绿草生长在湖滨，淡水湖上永恒的点缀是海鸥和燕鸥，它们飞旋在湖面周围，尖声嘶鸣，给人一种生命与活力的情感冲击，恰与盐湖上空死一般的荒僻形成强烈的反差。在西藏几乎是不可能得到地点或湖泊的正确的名字，因为每个藏民动不动就说谎，他们认为没有一个很好的正当理由去讲真话。我曾经分别向六个男人问一个湖泊的名字，结果，得到了六个不同的答案[1]。我在地图上标出的那些名称的可靠性，是略强于其他名称的，但在我们对该地区做进一步探索而熟知时，发现仍有包括这些湖泊在内的部分名称是错误的。

我们一进入营地就收到作为协议的第一批补给品的羊只，看上去我们的藏族朋友是将其看作他们有策略地履行协议的一部分。而且，护卫队伍也增加到至少八十人，看起来他们也在督促我们执行我们的协定部分。

第 51 露营点；呷格林钦（Gagalinchin）；28 英里，海拔 15560 英尺。——在离开上一营地后我们穿过一个细长颈地，其大小类似于一个两边有湖泊的铁路路基。一个藏民在跟我们的驮队客交谈过程中提

---

[1]　本书作者如果不是故意贬低这一地区的中国藏族同胞，那么他也显然不知道中国藏族有三大方言区。由于藏区地域辽阔，在历史的发展进程中各地区的藏族形成了各自的方言。传统上藏族人习惯把藏区划分为卫藏、安多、康区三大方言区。截至上文作者表述这段话时所到达过的藏区来看，他所经过的主要是在卫藏方言区。即使如此，该方言区各地的小方言亦有很大不同。更何况，由于西藏独特的地理条件和社会生活状况所限，1891 年时的西藏人民的文化程度和受教育条件之低，远远不是本书作者所能够理解的，所以，让当时从未受过教育而基本处于文盲状态的藏族同胞，对受交通条件所限而很不容易到达的地方或湖泊，多半仅凭道听途说或历代口耳相传的名词表达，就能给出一个准确的、统一的发音，实在是井底之蛙对天空的妄揣和臆想。所以说，这位此时是英国军队的上尉、20 年后成为英军少将的汉密尔顿·鲍威尔先生，在本书中有很多处对我们中国藏族同胞的诋毁、歪曲化理解，尽管译者要本着尊重原文表达以客观译出的原则，尽量贴近原文以为读者译介，但有时译者不得不指呈某些地方的实质给读者看，目的是让读者朋友了解并知晓实情，擦亮眼睛，认清历史。

到，北边的那个我们时时可以瞥见且偶尔能广阔呈现眼前的湖泊①，就是被蒙古人称为腾格尔湖，被西藏人称为腾格尔措的大湖，可我担心他是在骗人。然而，不管其正确名称叫什么，它是一片沿东西向延伸距离很远的金贵水域，这是毫无疑问的，似乎更应该把它称作内陆海而非湖泊。但是，如同所有的西藏湖泊一样，有迹象表明，这个湖泊的面积曾经比现在大；实际上，一些湖泊似乎已经减少到原来大小的一半。在湖水与我们营地之间，有一些从山上流下的淡水蓄积而成的大水塘。

我们的护送队伍似乎每小时都在扩大阵容。一群群的人员从山谷的四面八方汇聚下来与我们同行。尽管他们可能并非意在尊享护卫队的荣耀，我认为最好这么来看待他们的做法，我坚持认为，他们视我们为贵宾。

他们有点儿古朴，长长的步枪斜插于一个叉状底座上，一只胳膊挂着斜跨于肩膀上的红旗。直剑插在镶有银和绿松石的剑鞘里，斜卡在他们腰前的皮带上，手持转经轮，穿着脏兮兮的羊皮衣服，戴着的帽子简直就像某位服装设计师为一场滑稽戏而专门设计的，贴头乱发，马尾辫，短马镫，小战马，所有这些景象，就是我渴望见到的照片。但确定不用担心会激起他们的怀疑。按照协约，第二天我们停歇不进，我花了一个上午检查驮畜。当驮鞍被取下时，驮畜的脊背露出一副可怕的样子，皮肉溃烂：似可见骨。我觉得溃烂的原因，很大程度上是由于营养不良。

如果曾经觉得骡子没有矮种马能干，那么现在看法变了，尽管骡子已经够糟糕了，可矮种马要更糟些。尽管停驻不前似乎是很令人不快的，然而不论藏人是否要求，我们都不得不停歇休整。但我们的停歇也恰恰给他留下了由于他们高贵而友善的态度令我们好感顿生而

① 此处的"那个我们时时可以瞥见且偶尔能广阔呈现眼前"（of which we were continu-ally getting glimpses and occasionally extended views）乍一看似乎并不符合理解常理，实际是作者描述的这一行人在行进途中对该湖泊的观赏效果，边走边看的旅人因为会受到沿途山峦沟壑的阻挡以及所行路径离该湖泊的远近等因素的不确定性影响而形成的视觉效果，就会如此。

妥协的好印象。

从我们营地有条向南通往拉萨的路，人们不停地在这条路上来来往往，有一群人说他们要去拜见那个高级别的显贵，那人是要来会见我们的。由于我的护照是指向中国新疆和中国南部和西部山区的，我估计看完护照，他将会只允许我们去往中国新疆。藏民送来更多物资，有一块砖茶，两磅黄油和两袋干牛粪，但没有面粉或糌粑，后两者还没运到。不过，他们第二天来时，给我们外加了一块那种西藏的奶酪，这可能是有益健康的，但可以肯定的是，它不好吃。我派去庄（Zhung）的驻地取燃料的全权代表，回来报告说，那位老人暗示，当拉萨方面同意前进时，他期望得到一些回报他辛苦提供指引的奖赏。因此，我欣喜地发现他开化到足以理解赏钱的本质，我派送他一个消息，让他不必担心这一酬份。真的，以我对藏人越来越多的了解，我敏锐地提议削减给其馈赠的算术比例。

为了试着找到那个大湖的真实名称，我让驮队客在路边跟行人攀谈，以便从他们那里找到答案。我想，总不至于全西藏人都给我指示错误的答案吧。于是，我觉得除非出于本性（本身就不想），否则没什么能阻止真正名称被弄清楚。然而，当他询问了好几拨人后回禀我说每一个名称都不同时，这种出于本性（的想法）作为一个极其棘手的困难打击了我①。

晚上，庄（Zhung）正式会见我们，并恳切询问我们曾首先到访何处居民。很显然，欧洲人的到访，并未如其所应当的那样被及时报告给他们，他想要惩罚这种怠忽。不过，由于我们一直穿着拉达克（Ladakh）服装，人们总是更易注意从远方来的陌生人，而我们并未

---

① 原文为：that natural tendency struck me as a pretty difficult obstacle. 不知"struck"（"刺痛"）作者神经的所谓的"that natural tendency"（"自然倾向"）到底是什么。但可以肯定的是，作者未能充分考虑到藏语方言的差异和藏语发音的略带含混性。譬如汉语译文里的人名"拉毛草"与"拉毛措"，本就是同一个发音，更是同一个意涵。

被当作欧洲人来关注，就好像欧洲人几乎不想被了解一样①。

第二天，当我们正要出发去回访我们的朋友时，一个信使从他们营地来让我们推迟回访，因为他们正忙于新到的重要消息。我们自然会好奇究竟发生了什么，而信使也并未表现出不愿与我们交谈的意思。原来是，我们路上遇到的那些楚克帕人（Chukpas）对自己聚敛的大量牲畜的数量还不满足，又抢劫了一次，在杀死几人后，赶走了200头牦牛，50匹马和大量的羊只。这类事情在临近拉萨的地方闻所未闻，于是引起了人们的极大兴奋。此时，庄（Zhung）正忙于组织各方以追回被偷的财产。我的建议是，鉴于楚克帕人（Chukpas）的畜群就在附近，最好的办法就是逮捕他们，但是，他们在此地东边的康瑞（Kangri）这个地方一直是被抬举的，又由于德瓦·庄（Deva Zhung）已向每一头经过拉萨（Lhasa）地区的牲畜征收了税款，因而他们被视为是不可侵犯的。

尽管楚克帕人（Chukpas）在自己的地界抢劫而并未侵袭临近拉萨的地区，但已然违约。我本以为拉萨人民也判断对方违约，但是庄（Zhung）却不这么认为。他认为，事实上，楚克帕人（Chukpas）有违良好礼仪，他没理由也这么做。同时，若再有机会，他会毫不犹豫地处死他们。

一个喇嘛（Lama）来拜访我们，他有非常多的关于地名和其他地理实况方面的信息。但是这些名称与实况却与其他人给的大不相同。总体来说，我倾向于认为他是相当真诚的。他把我们前面的湖叫作嘎林措（Garing Cho），我们所处的行政区叫作纳克桑·斯陶克（Naksung Sittok），向东有多巴（Doba）、纳木鲁·色拉（Namru Sera）和纳克楚（Nakchu）。夏登·高巴（Shiabden Gomba）就位于在纳克楚（Nakchu），从那里有两条路通往中国内地，北边的那条通往西宁（Sining）或者按他的叫法——嘎子林（GyaZilling）；朝南的那条路他

---

① 这句话自相矛盾，一方面说自己队伍的穿着迷惑了藏民而未认出其作为欧洲人的身份，另一方面又略带怨气地说没能认出他们显得他们似乎不想被认识一样。到底他们想不想被认识，从他们此前的唯恐被道克帕人（Dokpas）认出而紧急装扮进而骗过探查者的行动中，就可以明白。

一无所知。楚克帕人（Chukpas）必定在往西宁（Sining）的路上，旅行者们的一般习惯就是在夏登·高巴等待以聚集够几百人，才敢在相互保护下一起穿越那段危险地带。纳木鲁（Namru）有条通往拉萨（Lhasa）的路，沿此路可望直接到达拉萨这座神圣的城市，而无须担心过鬼门关。可是对我们而言，庄（Zhung）及其小股军队却把这条路线排除在现实讨论之外。

我们的到来引发了阵阵骚动。谣言四处散播，先是说有个英国军队即将到来，再是说这只不过是一个中国内地的旅行团。最后是真实的表达，说我们是英国人，目的是和平的。

与牧民及更高级的显贵相比，这些佛教寺庙里的"小灯烛"看起来不那么偏执于对外国人的仇视。我们曾经遇到过的一位，在我们将要选择错误之路的时候，最为肯定地将我们放到正确的道路上。如今这位，鲜明的友好态度打动了我。

第二天，我们把对庄（Zhung）和库绍克喇嘛（Kushok①Lama）已延迟了的拜访付诸实施。尽管离他们的营地只有四分之一英里远，步行过去不够体面，骑着骡子则符合涉外级别，两个看起来最受尊敬的骡子已备鞍待命，我们骑着它过去到庄（Zhung）的营帐，那是个位于十几个普通暗黑色牧民式帐篷中间的帐篷。这可能是牧民们的安排，针对的是我们。我们一下马，庄（Zhung）出来并把我们迎进了一个帐篷，帐篷的一半用粗糙的麻线做成，顶部敞开，很明显那是打算用作厨房和佣人住处的；而其另一半，则由薄棉布做成并铺有地毯和垫子，显然是客厅。我们一坐下，吃力的对话就开始了。

任何时候，经由翻译的对话都不会太生动，而这次就更为艰辛。由于庄（Zhung）担心自己犯错，其答复都极尽简洁。我非常急于获知关于楚克帕人（Chunkpas）及其抢劫的事，但我唯一获知的是，当他们被普通当地居民追捕时，他们将会转身反抗；而当被拉萨（Lhasa）士兵追捕时，却从不反抗。被捕后，若充满血腥杀戮的抢劫罪名

---

① Kushok. The word is usually applied to an incarnation. （Kushok，这个词通常是应用于一个化身。）英文内容是作者在原文中的脚注。

成立，他们会被处死，或者被鞭打和监禁。

在我们刚回到自己营地，之前给过我们信息的喇嘛带着一个更高等级的喇嘛来了。在进入我的帐篷时，根据藏族习俗他送给我一条哈达，或者说是表示问候的围巾——一条长长的、白色的布料，有着极薄脆的质地，不过我看见它是由美丽的丝绸做成的，哈达在西藏的用途很广泛，拜访别人时，总用它赠送呈献。这位喇嘛也拿出一些粗糖（糖浆），奶酪和黄油。落座后，在谈话中，他确证了从另一位喇嘛那儿得来的信息，他说如果我们走去西宁的路，就应该在天降大雪之前就到那儿，因为降雪并不总是在 1 月份之前。他建议将嘎·拉姆（Gya Lam①）作为备选路线。这条路从夏登·高巴（Shiabden Gomba）附近出发，经由巴塘（Bathang）和理塘（Lithang）到塔西多（Tarse-do②）一路都是很好走的。不会遇上被楚克帕人（Chukpas）掳走的危险，因为他似乎还未曾有要出现在西藏的想法。第三条路是从夏登·高巴（Shiabden Gomba）到嘎·库多（Gya Kudo）或者嘎昆多（Gy-akundo），但那道路太艰难，几乎无法行走。

我们营地旁有一条涌自泉眼的小溪，溪水里有许多小鱼，但难的是抓不住它们。索罗尔德博士（Dr. Thorold）无精打采，他想要找到用以满满捞鱼的工具。这儿有一条有塞满了鱼的溪流，很明显没有任何打捞它们的工具。最后，这个难题解决了。在索罗尔德博士（Dr. Thorold）的帐篷里，有两个用网做的口袋，把它用麻线加强，再用两个登山杖绷直张开，让人在溪流狭窄处撑好。以便让水

---

① 原文脚注了一小段话：Gya Lam. Lam is the Tibetan for road, and Gya means Chinese. The expression Gya Lam might be used for any road going to China, but this was evidently the chiefChina road. （"嘎·拉姆［Gya Lam］"："拉姆"（Lam）在西藏指"路"，"嘎（Gya）"意味着"中国内地"。嘎·拉姆［Gya Lam］这一表达可能用于任何去中国内地的道路，但这一条路显然是首选通往内地的路。）言下之意，就是将通往中国内地的路作为首选路线。

② 原文有脚注，内容是：Tarsedo, called variously Darchendo, Tarsedo and Ta Chen Lu. （"塔西多"［Tarsedo］有多种名称，被叫作达陈多［Darchendo］、塔西多［Tarse-do］和塔陈路［Ta Chen Lu］）这种一地多名的情况，作者文中已有多次抱怨性表述，前文的脚注中也有提及。

从中间穿过而不会从下面漏流。把泥巴扔进去，把水搅浑，两个人用棍子和石块将鱼赶到有渔网的狭窄处。然后，在约定信号提示下，随着向前又向上的捞起动作，网被抛甩到岸上，最差也能收获十几条鱼。在余下的停驻时间里，我们每餐都吃鱼，也会将鱼晾干以便再上路时食用。

营地附近有很多岩羊（羊属 Nahura），猎获它们以调整我们沉闷的停驻生活。也能见到西藏高原羚羊，但它们只在更为开阔的地带活动，要想射中它们是很困难的。每天都有食品从藏民的营地送过来。至于黄油，似乎只要我们要，他们都愿意供给我们，但它很脏，且通常都已腐臭，用羊皮或羊胃包裹，很难有促进食欲的样子。

9 月 20 日，被送去拉萨的人回来了，带回一些烟草、红辣椒等。那些好长一段时间都把抽烟当作奢侈享受的驮队客们，在收到这种芬芳草本的份额时，高兴异常。也带来了一位驮队客的亲戚——一个拉萨的小商人的一封信，信里强烈建议尽快从来时的路离开这个地区，否则后果会很严重。我并未太重视这封信，我猜想这是在拉萨官方的授意下为威胁我们而写的，而且显示出拉萨官方将会首先打什么牌，威吓地命令我们返回到来时的路上。

入夜后，有个人来到我的帐篷提出要卖很不错的面粉。我很高兴地买了它，后来才发现他是庄（Zhung）的厨师，这些面粉很有可能是他从主人那儿偷来的。然而，我觉得自己不应该告发他。另一个自牧民帐篷来的人说有一些大米愿意卖，但他要求的价格很荒谬，每磅面粉 4 安纳斯（annas）。这超出我的意愿太多，因此我没买。因为我若买了，消息就会传开，说这些外国人是金钱打造的，并会为满足他们的利益而设置一套特殊的收费表。在我们停驻的这段时间里，为迎接他们期盼的来自拉萨的大人物的准备工作一直稳步推进。用来装饰帐篷的地毯和物品来自西达特（Shildut），后者是一个在西南偏西方向的一个地方，食品则来自拉萨（Lhasa）。9 月 24 日，他们的首领穿着华丽的黄色丝质长袍，撑着深红色的伞盖抵达。他一到就传来消息让我多停留至少三天，因为他无权独自处理问题，但他的一个同事已经在路上了，很可能随时就到。对此我回复说我很高兴再至少停留三天，这是我考虑到驮畜们的情况时所能给的唯一答复，并且说我希望他能过来喝杯茶。

来自藏区的茶壶

第六章　与拉萨官员谈判

9 月 27 日，纳克桑（Naksung）期望中的那个同事库绍克（Kush-ok）来了，派一个人叫我去他的帐篷。我回复说如果他想见我，最好还是来我的帐篷。因为我等他等了 21 天，这是他能做的最起码的事。不出我所料，他来到我的帐篷，这趟差事，就是想看看我是不是好欺负的。和所有高级显贵一样，他骑着骡子，头顶撑着亮红色的伞。后者令我的同伴非常困惑，他搞不明白，这把伞到底是遮阳的还是防雨的，当时没有任何迹象表明二者之一的必要性。另一个拉萨的重要人士和我的两个老朋友也随他一起来。我的帐篷为他们的招待会准备了整洁的排列有序的覆盖着红色毯子的雅克单（yakdans）作为席位。一等众人落座，事务谈判立即以这样的问题开场："你们是谁，从哪儿来？"我回答说，我们是英国旅行者。我们想经过更多地方去北边，但食品缺乏，转往南边走。我们相信，鉴于英国和拉萨官方之间已有的友谊，我们会得到无微不至的援助。他们回答说西藏是所有外来者的禁区，他们唯一允许我们做的就是沿来路返回。至于两方之间已有的友谊，不能成为英国与中国两国人民不守护自己国家的理由。然后我告诉他们，如果他们想要实施让我们沿原路返回的想法，那么我们继续讨论下去就没意义了。他们甚至不想看我们的中国护照，正如他们所说他们从北京（Pekin）得到消息，北京签发了两种护照，一种给英国人，另一种是给俄罗斯人。但是由于签发失误，不论以何种方式，它们都是无效的。即使没有收到这样的信息，那也没有任何区别。西藏地方政府绝不从属于清朝中央政府，皇帝无权给德瓦·庄

（Deva Zhung）领域范围内活动的人授予护照①。没有驻藏大臣（the Amban）的代表，也没有清政府的代表，看起来他好像并未就我们是否被允许继续前进表态。谈判持续了将近一整天，由于双方都不让步，没有达成任何协议，我们分开了。

第二天他们又回来了，再次试图诱导我们原路返回，但当发现不起作用时，他们建议我们应该经扎什伦布（Tashi Lunpo）返回到库道克（Kudok）。而当我拒绝那样做时，他们答应给我们提供免费的运输和食物，直到我们回到英国边境。但我告诉他们，如果不允许我们继续前进，我将会直奔拉萨，然后在那里讨论这个问题。他们非常震惊于我们要去那圣城拉萨的想法，并威胁要用武力反对我们，还说他们有几千人正在待命。我大谈后装式步枪的优点，以此作为对他们的答复。吹牛只是个游戏。两边都不想战斗。事情没有进展，他们再次返回。跟他们玩的最好游戏，就是伴着吹嘘的"精湛的无为"。但冬季即将来临，而且我们还依赖于他们的食品供给，这糟糕地制约着我们。离开前，他们邀请我们第二天吃晚餐，对此，我们欣然接受。第二天，到达他们的营地，我们被招呼进去，坐在垫高了的毯子上，茶泡好了。他们以藏民习俗来喝茶，混合着食盐与黄油。但当从我们的仆人那里发现了欧洲习俗时，他们给了我们一些简单的茶水。经过一段很重要的茶饮之后，一碗碗伴着大米和洋葱而煮沸的羊肉被呈上来，这真是极好的，但是用筷子吃米饭是一门需要练习的艺术。帐篷较低的那头，满是隔壁帐篷里的住户，他们进进出出，就好像他们是大人物家庭的成员。整个场景有一种家长制的氛围。

在就餐之前和用餐之后，对话都围绕着我们将要选择的行进路线来展开。当我坚持我之前的声明说哪怕一码的路我也不会返回时，他

---

① 这段话的英文原文是：and even had no such information been received, it did notmake any difference, as Tibet was in no way under China, and the Emperor had not the power to granta passport for the Deva Zhung's territory. 不论本书作者的话怎么表述，也不论此处主人公的话是否是此场景中的原话，都无法改变西藏是中华人民共和国神圣领土不可分割的一部分这一事实。个人的一时激愤之词或者涉外谈判技巧性话语，也都是在可理解范围之内。

们仍然说，如果他们允许我们前进的话，他们回到拉萨就会被处死。

帐篷门口的人群

　　离开前，我邀请他们第二天和我们一起吃饭，随后在一片深深的鞠躬送别中退出。他们都是和蔼的聪明人，但极其固执。当我从口袋里掏出中国护照，问他们如果连护照都不看，或者还要被讨论，那么驻藏大臣（the Amban's presence at Lhasa）的存在意义是什么，他们回答说，驻藏大臣只不过是作为两个国家友谊存在的可视符号而被允许住在拉萨而已，但是西藏绝不在中国管辖之下。同时，他们拿出一封在他们走后从拉萨来的信，信里指示他们不要理睬任何中国护照，只是让我们原路返回①。

①　由于1891年时候中国的政治形势，的确有昏庸无能的晚清政府对外国侵略消极避让、对西藏管理松弛无力的实际情况存在，致使西藏人民有维护自己权益的抗命之思和抗命之行。这种不像晚清中央政府的无能软弱，而坚决反抗英国侵略者的爱国行为，是值得赞赏的。我们中华民族56个兄弟中，有很多都是在边疆（境）地区生活，他们在我国抵御外敌入侵的漫长历史中，起到了无可替代的重要作用。

当他们第二天过来和我们一起吃饭时，我们以茶、咖喱等食物盛情款待。他们吃饱后，我没说太多的遁词，呈上报偿他们可能遇到的麻烦或必需品供应方面的酬谢。但他们说没有拉萨方面的命令，他们不敢让我们前进。但若我们能给他们一大笔钱且同意再停歇十五天的话，他们会努力撮合以获得必要的许可①。对此，我表示同意。他们离开，以便写一封信给德瓦·庄（Deva Zhung）。然而后来，他们却通过我们的一个人带来消息说，如果我们同意沿原路返回八段行程远的距离，且给他们一千卢比，他们将允许我们通过夏登·高巴（Shiabden Gomba）北边的路去中国内地。但他们没有提及为我们配备新的马匹与向导的事。要在深秋十月开始一段既无向导又无可用马匹作为驮畜的荒野之行，这简直是疯狂的想法。我拒绝了这个提议，告诉他们，如果他们想获得一千卢比，他们必须做得比那更多。

第二天我们去他们的帐篷，当吃着煮熟的羊肉、饮着茶时，他们问了我们许多有关英国的问题，并且非常惊讶地听到它被水环绕，人们需要乘船进入。关于船是什么，他们没一点概念，他们问船的底部是不是自始至终都与水接触。这就好像真正的牧民们也特别好奇于流水和牧草一样。

他们中的一个人抱怨自己病了，并描述了各种他遭受的神秘症状。索罗尔德（Thorold）博士给了他两片科克尔（Cockle）的药丸，他问了许多，服药后，他问应该侧左睡还是侧右睡。在回答这个问题时，索罗尔德（Thorold）博士严肃地告诉是他自己的右侧。并且宽慰他说没这么做也不要紧。

对话中的友善部分结束后，有关我们未来动向的问题再次出现，他们开始做出一点让步，最终同意以下协议。

我们回退八个行程远的距离，然后通过更北的路向东行进。库绍克（Kushok）将陪我们 12 个行程，之后，将由他为我们提供的四个

---

① 从这里，我们又能看到一种御敌之命与受贿之纵对抵御外敌入侵时的尴尬与无奈。犹如拉开的弓箭没有了箭矢。

向导带路。我们会收到 20 匹矮马，2160 磅糌粑，30 只羊，60 磅黄油，1100 磅青稞，9 双普布（pubboo）（藏靴）。作为回报，我同意给付八百卢比。

该协议避免提及钱财和供应品，起草完成并盖章。在百姓们的请求下，供应物品毫无疑问地收到了，这一点，库绍克（Kushok）并不想让拉萨官方知晓。但是，尽管他们未在书面协议中写明这一点，这不要紧，因为在供应物品收到之前，我是不会给付卢比的。向导的问题，令我更焦虑。因为他们可能带领我们要么进入一个无法通行的地区，要么进入楚克帕人（Chukpas）的老巢，然后遗弃我们。所以我就告诉库绍克（Kushok），如果他们这么做，我肯定会直接向拉萨行进，告发他的受贿行为。他说，不用担心他们会耍花招，他会清楚地给向导们解释，如果他们不能带回一封你们的书面解雇信，他们将受到惩罚。这次让我们回退八个行程的想法，就是为了向拉萨写一个报告：我们已沿原路返回了。

协议一经订立，他们便派人四面八方征集物资，那位最初监管我们的头人斯达特（Shildut），回返自己家乡。他是一个很好的老人，他的离去令我很感伤。

我们在呷格林钦（Gagalinchin）的剩下时间，主要花费在接管存储品和运输牲畜上。矮马是健壮的畜生，约有 12.5 拃高，但牙齿都有点长。然而，"不要对礼物吹毛求疵"，如果它们能坚持三个月，这就是我想要的。有一天，库绍克（Kushok）令我吃惊，因为他对我们的胡须表现出钦慕，问我们有什么可以帮他长成这样胡须的药。因为像有一副得体的胡须这样的事儿，在西藏几乎闻所未闻。我本以为没有胡须的脸在西藏会更受到羡慕。喇嘛（The Lama）很急于知道我们是否有英国人的毒药。在西藏，投毒非常普遍。如果有人递某人茶喝，他通常拒绝，除非有人在他当面先喝了一些；当给别人吃的或喝的东西时，藏民一定要向对方做这种"可无虑享用"之展示。我们也被问及在欧洲，黄金、珍珠和红宝石是否也作为处方药，而当索罗尔德（Thorold）博士向他们保证这些东西没有药用价值时，他们非常惊讶。达赖喇嘛（The Talai Lama）定期服用由这些材料组成的药物，因此历代达赖英年早逝并不令人惊讶。

　　10月4日，第52露营地，11英里。——最后，在第51号营地（海拔15560英尺）的呷格林钦（Gagalinchin）休整将近一个月后，温度从原来的36°下降到19°，我们再次起程行进。在长时间停歇过程中，天气变得令人憎恶，日夜不停地下雪。白天下的雪会立即融化，但是晚上的降雪直到太阳升起才会很快消失。但喇嘛以祈福好天气的符咒向我们保证，说他已经烧了香草，那是对抗坏天气的特效药。他也给了我们一些护身符，包括种子和一个用黏土做的人类头骨的微小模型，并说如果云层聚集，我们只要把一个扔在火里，天空将立即变得晴朗。

　　在我们所允诺的八个回返行程中，为了尽可能地缓解我们的运输负担，我们所有的东西都被牧民的牲畜运载。由于协议供给品的汇聚，我为我们庞大的货载量感到震惊。驮队从头到尾有几英里长，矮种马在一个领头的先遣队伍里，七八个小分队跟在队伍的后面约六七百码远。当然，约十分之九的牲畜带着藏民的行李。当有人进入营地，似乎得等很长时间才能给他端上茶水，因为我们的锅碗瓢盆在后半截队伍的耗牛身上，但庄（Zhung）和库绍克（Kushok）喇嘛非常体贴地送给了我们一个烧水壶。就路程而言，西藏是一个令人恐惧的旅行之地。在呷格林钦（Gagalinchin）营地时，看到旁边似乎有一个露出地面的岩层约两英里远，但实际它足足有11英里远。

　　10月5日，第53号宿营地多拉子（Toraz），海拔15660英尺。——一段约有13英里的轻松行程，跨过一条流入北边湖泊的很大的河流，抵达沼泽边的牧民营地。黑帐篷处处可见，对于一个牧民的地区，这是相当密集的。这儿的百姓十分爱笑，在这方面和印度人非常不同。我从未见过如此喧闹、欢快的人，他们古已有之的思想是做一个总能易于满足的乐天者。但由于藏民很少拥有能消除所有先人之见的知识，因此就轻飘肤浅、贪得无厌和怯懦。他们身上的善良或礼貌都被扔掉，除了欺凌或是欺凌下的伪装，别无所有，这就是答案①。

10 月 6 日，第 54 露营地，楚若（Churro），16 英里。——一整夜，庄（Zhung）都说他将带我们走更朝南方向的一条路，但我却怀疑这将是让我们走上库多克（Kudok）路的一个计划，我告诉他，我强烈反对再往南走那么远，而坚持要他指出另一条路。他同意了，于是我们就走上一条更朝东偏北方向的路。我们沿着沼泽湖滨走了两英里。湖面上挤满了鸭子、鹅和水鸭。浅水处能看到"查图图恩"（灰质天鹤，见 300 页）②，一种灰身、黑头黑尾的鹤在活动。每一对老鸟都带着两个幼年鸟，这些幼年鸟，虽然和父母几乎一样大，但羽毛明显不同，他们全身都是灰的。

喇嘛（The Lama）走到湖边，遵照不同时期在许多地区形成的古老做法，往湖中扔进去了一些贵重物品。

当我们进入营地的时候，一个作为厨房的帐篷和一小堆干燃料都已为我们备好。这些藏民显然意在表现得很守礼节，但我们已支付的只有 400 卢比，这在我看来，恐怕于应对问题很有好处。我们帐篷的旁边，有一个进入西藏以来我们见到的最接近房子的"房子"，它是由四堵石墙围成，黑色的普通粗麻布用来作为帐篷的屋顶。

10 月 7 日，第 55 号宿营地，行程 16 英里，海拔 15876 英尺。——穿过一个轻松的山口后，我们下行到一个峡谷，这是我们在去往呷格林钦（Gagalinchin）时曾经穿越过的峡谷。我们的印度斯坦厨师脸上露出最悲哀的表情，他一瘸一拐地走向营地。据他说，藏民们给了他一匹从未受训过的矮马，而且那也是他本人的第一次骑马，他被摔下来，这个结果并不意外。

---

① 参见原文：But in the case of the Tibetans a very little knowledge serves to dispel all prepossessions—flying, avaricious, and cowardly；kindness or civility is thrown away on them, andnothing but bullying, or a pretence of bullying, answers.

② 原文为：the "cha toon toon"（Grus cinerea, see page 300）. 原文中，作者特意把 "cha toon toon" 和 "Grus cinerea" 这几个词汇用斜体标出以示强调。前一短语疑似模拟藏民的发音来尽可能地表达该鸟类的本地发音；后一短语是作者自认为标准的学名。

10 月 8 日，第 56 露营地，19 英里，海拔 16400 英尺。——半路上我们停下来和藏族朋友一起喝茶，然后穿过我们曾经的老营地——48 号营地，驻扎在一条大溪流旁边，这条水流从雪山南部发源流向我们北边的一个大湖。另一个大湖据说位于我们的西北方。当我们向北拐的时候我询问别人，他们说是在查嘎措（Chargat Cho）的西边，但问题是查嘎措（Chargat Cho）在哪儿呢？在其他湖泊名称中，几乎我们见过的每一个湖都有被称为查嘎措（Chargat Cho）湖的经历。

10 月 9 日，第 57 露宿地，11 英里，海拔 15348 英尺。——在行进过程中，一条曾给我们涉水带来很多麻烦的大河，再一次被我们跨过。虽然水位已经下降，但仍相当深，之前给我们指路的两个骑在牦牛上的藏民，突然落入深水处。牦牛和人都没于水下，然而，他们还是相当困难地浮出了水面，当他们穿着湿透的羊皮衣服走出河水时，显得非常落魄。当藏民们高举衣物，赤脚涉水过河时，从他们外露的腿部看去，最有力地确证了人们普遍接受的观点，那就是他们从不洗澡。

进入营地之后，庄（Zhung）依照仍旧约束着我们的协议，送了三匹矮马来凑足允诺的数额。这些矮马都是可怜的老马，我不得不拒绝接受它们，这很大程度上令庄（Zhung）很懊恼。但是他之前提供给我们的已是相当糟糕的了，所以，是得在某些地方设定底线了。

10 月 10 日。——庄（Zhung）在前一天傍晚曾说，如果我们停歇几天，那就没有必要再往西走更远了，因为他将指给我们一条沿着大湖之西的边缘向北去的路。我很高兴不用再被迫履行我们的退回更远的义务了，所以 10 日和 11 日我们就在面谈和最后的准备方面花费了一些时间。

对于让我重申承诺避开夏登·高巴（Shiabden Gomba），他从不感到厌倦。我总是这样预想给他听，若向导以任何方式耍花招，我将经由夏登·高巴（Shiabden Gomba）或其他任何地方直接前往拉萨。这总引起他的大声抗议，说忠实的向导绝没有可能以任何方式、任何机会来耍花招的，或是未经我们许可就擅自离开的。

我真的相信藏民们讲述的最神奇的故事。他们说，一个离我们不远的地方，那里生活的人们只有一条胳膊和一条腿，但没人被允许看到这些有趣的人，他们甚至说不清这个地方在哪个方位。另一个奇妙的地方，是在通往中国内地的路上，那里的人们长有猪的头，但同时重要的是，虽然几乎每个人都知道有其他人曾经见到过，但现实中没有一个人曾经去过那里或者见过那里的百姓。他们讲的另一个故事是关于北边远方的一个名叫陶闹墨（Tso Ngom Mo）的湖，或名叫蓝湖——它是如此的大，以至于要绕湖一周得骑马跑 15 天。从前，世上是没湖的，但一些昌帕人（Changpas）抬起了一块巨大的扁平石头，结果大水立刻涌出，淹没了这个地区。在这个湖里发现了一种动物，其皮肤具有超乎任何地方的惊人价值。每年都不得不送一个给中国皇帝。如果这事被忽视了，几位达官显贵就要掉脑袋，但好像没人非常清楚谁是因对进贡天子之事玩忽职守而被立刻惩罚的贵族。这座湖本应该叫作可可·诺（Koko Nor），但要从藏民口中获得地理信息那是极其艰苦的工作，在特殊情况下，真理的纹路也会偶然透过他们的话语来呈现，它是那样地美妙，就好像几乎不可能被发现一样。

牧民对管理着他们的官方所表现出的敬畏，令我感到震惊：每当说到官方，他们总是摘掉帽子，不断伸出舌头，鞠着躬。

这些地区的空气似乎很容易带电。在抚摸一只狗的时候，火花出现并伴有一阵噼里啪啦的声响。在世界其他地区的猫身上同样的事情也有发生，但我之前从未听说过狗也如此。

10 月 12 日，第 58 露营地，9 英里，海拔 15500 英尺。——沿着这个湖的西侧边缘的一段非常轻松的行进。从营地朝下看湖，有一个美丽的景观，湖的显著位置有个岛，为了纪念伟大的传奇战士，将其命名为斯帕墨的头盔（Spamo's Helmet）。岛屿近端，河流从西南边流入，这里的湖水有一种非常绿的颜色，而另一边的湖水却是明亮的蓝色。

索罗尔德（Thorold）博士用一副普通的钳子对一个藏民的牙痛病做了非常成功的手术。

10 月 13 日，第 59 露营地，海拔 15500 英尺。——离开我们上一个宿营地不久，我们穿过一个小洞道，其顶部的一堆石头被人用穿在

棍子上的艳色布片所装饰①。那些带驮畜来帮我们运输的藏民们急于
返回，但我拒绝允许任何人离开，直到被承诺的全部矮马的数量都已
供齐，而且也没人来回应我的驳回。

　　10 月 14 日，第 60 露营地，20 英里，海拔 15463 英尺。——我们
很迟才出发，因为早晨的大部分时间都被花费在争取用我们的两匹不
中用的老矮马交换两匹好质量的矮马。藏民对任何性质的交易都非常
机警，并且清楚地知道我们不可能停留足够长的时间让我们的动物休
整复原。对我们来说，让动物去适应长途旅行是绝对必要的，因此，
他们才相当固执地争持。

　　最终我不得不再加了 60 卢比，通过他们矮马的正常速度我推测，
它们完全值这些钱。

　　路径横过一条广阔的山谷，山谷里散布着起伏的丘陵。山谷里的
路，大多数都是为针对我而朝西，因此，我向庄（Zhung）抗议，回
复说第二天我们会走更多向东的方向。营地扎在了一个非常招风的暴
露点，靠近一眼泉水，泉水朝东流入湖东面的大湖。.

　　向西北方走五个行程到达唐昌（Tung Chang）地区，那里的人民
既不属于拉萨地方也不属于中国政府。据说很多这样的游牧部落生活
在边远的无关地区。

　　10 月 15 日，第 61 露营地，12 英里，海拔 15538 英尺。——早晨
一起床就发现在晚上我们幸存的两头驴中的一头被狼吃掉了——可怜
的牲畜，它为我们提供了很好的服务，听到它悲惨的结局，我感到很
难过。

　　行进路线仍然在山谷里，北边山顶的雪线仍旧像之前看到的那么
遥远。当第一次看见的时候，就像是大约只有 10 英里远，走了两天
后，看起来仍是有同样远的距离。库绍克喇嘛（Kushok Lama）曾经
告诉我们，按照命令的规则，最好是死也不能碰酒。我们进入营地
后，他派人过来问我们是否可以给他一些酒作为药品服用，因为他感
觉不太舒服。很多次我都听到来自印度当地的同一个奇谈。我把庄

---

① 原文注：参见第 146 页。

（Zhung）和库绍克喇嘛（Kushok Lama）叫到我的帐篷，我告诉他们让他们超出负荷承受如此之多，这是很遗憾的。现在我们只跟着向导已很容易向前走了。他们同意回去，但对我说，我们不停驻下来欢宴几天双方就不能分开。我对此极力反对，因为冬天就要来了，我们还有一个长长的旅途在面前等着，不过，最终还是同意暂停一天。

早晨，我们和庄（Zhung）一起吃早餐，他给了我们一盘碎肉和米饭，紧接着是用酥油（净化的黄油）和粗糖（糖蜜）混合的米饭。前者是很出色的，尽管我们的藏民很喜欢，但对我们而言，后者的口味有些受不了。

在回答我们的问题时，他说，中国内地和西藏地方之间的友谊长存的原因是，很多年前有三个兄弟，他们是伟大圣洁的喇嘛。一个把佛教传入中国内地，一个传到了西藏，另一个却是个流浪者。从那时起，两个地区就一直紧密联盟——有个几乎不被历史承认的故事说，佛教（Buddhistreligion）传入比喇嘛教（Lamaism）早几个世纪，而喇嘛教是 8 世纪时的一个创新。谈话随后回到了楚克帕人（Chukpas）的话题上，那些人大多数来自康巴·高乐（Kamba Colok）。他说德瓦·庄（Deva Zhung）正努力剿灭他们，这个命令已经发布，要在任何可能的时候，逮捕他们并处死。处决模式就是，首先把他们缝在皮革袋子里，将其置于太阳下曝晒一段时间，然后就把他们扔进河流或者湖泊。

然后，他绕回到夏登·高巴（Shiabden Gomba）这个老话题上，重复他此前的声明说，确定如果我们去那里的话，他将失去自己的生命。我再次告诉他说，我此前就告诉过他 50 次，如果向导是公平行事的话，他完全可以放心，我们不会前往那里的。之后，我给了他分期付款承诺的最后那 200 卢比，一些布，一把左轮手枪，和其他的一些物品，他则给了我一些砖茶、黄油、大米、粗糖、一个小老鼠样的矮马作为回报。他回赠我这些东西的时候一再重申感到羞愧，自己从一个陌生客人那里收到如此贵重的礼物却给了人家那么不值钱的东西作为回报。然而，这段美妙的说辞并未打消他向我们讨要些珊瑚珠带回家给两个女儿。傍晚稍晚些，我们回到我们帐篷时，他派一个人来取珊瑚珠，又托我们中的一个人带来口信说：请把珊瑚珠打包并密封，以防递送者路上偷拿。

这些藏民彼此是多么地信任啊！

离开他的帐篷之后，我们到了库绍克喇嘛（Kushok Lama）的帐篷里。在那里，我们与前者的饮食大部分是一样的，但也增加了一些小饼干样式的蛋糕，他向我们保证这是他亲手做的，它们真的非常美味！我给了他 200 卢比，一些黄色的细毛织品，一块原电池和一枚手表。作为回报，我则收到了一些黄油，一些砖茶，一些精面粉，一块非常次等的英国布料，一个带有银质茶托和银质盖子的酒杯，一些糌粑，还有一匹有名无实的矮种马。我们也都收到了问候的哈达：那些给索罗尔德（Thorold）博士和我的哈达是用精品中国丝绸做的，喇嘛亲自给我们搭在脖子上，而给我们跟随者的则是最劣质的哈达。

藏民的杯子和勺子

我们都互相给了彼此的仆人一些小钱。尽管他已极其虔诚地把心扑在得到一把左轮手枪上，热切恳求给他一把。但我们队伍只有两把[1]，而且可能要用它，因此我拒绝了他。对于我的拒绝，他实在很难掩饰怒气的滋长。不过，他很快地从那种付出努力却未能获得一把

---

[1]　作者提到自己队伍里仅有两把左轮手枪，我们知道他已经将其中的一把赠送给了庄（Zhung），那么此时就只剩下这一把左轮手枪了，所以，他的意思是要留下自己用。

左轮手枪的怒气中恢复过来，他转而向我恳求可否把我的弹簧秤给他。正好索罗尔德（Thorold）博士也有一个，我们两个用一个就够了，因此我就同意把我的给他了。藏民可不是那种缺东西却不愿张口向别人讨要的人。

晚上的时候，庄（Zhung）和库绍克（Kushok）都来我们的帐篷，我们款待了他们。之后向导被派了过来，此前，他们当着我们的面曾接受过命令的：向导得带我们去塔色多（塔陈鲁）①，在未得到正式的书面解雇之前，他们确认不离开我们。若他们这么做，回家后他们将被惩罚。他们同意，并握着我的手忠诚地宣誓。

10 月 17 日，第 62 营地，行进了 10 英里，海拔 16238 英尺。——我们起得较早，装载完行李之后，我们首先去了库绍克喇嘛（Lama Kushok）的帐篷告别。我们进去之后坐在了地毯上，在一小段漫无目的的谈话中，他说出想去访问印度的目的，并且希望他能在那里见到我们。

我们带着很多慨叹遗憾的心情道别，双方都一样地真诚，他大声地、节律性地为我们祈福以表达他的慨叹。然后，我们去到庄（Zhung）的帐篷，他又一次开始了关于夏登·高巴（ShiabdenGomba）的老话题，并再次得到了千篇一律的答案。他似乎对贸易交换感兴趣，同时他告诉我们他曾派送 100 匹驮着羊毛的马去达吉岭（Darjiling），且获利丰厚。他全然忘记不久前，当我和他坐在毛毡上就我们将去向何路交谈时，在提到达吉岭（Darjiling）这个名字时他完全拒绝提及关于此地的所有信息，现在看来这是他固定的贸易地点。如果行情有利，除了羊毛，他还有一百颗麝香豆和一千条牦牛尾巴准备发货。他想要我帮他，但不是在牦牛尾和麝香豆生意上，我没有看出我在这上面的前途。然而，那时他坚持要我写一封信，认为如果他去访问印度的话，这封信可能会有用，我就给了他一封。对便条②的偏好——印度仆人内心对统治权的拼争与对金钱的热爱——显然在西藏

---

① 原文为 "Tarsedo（Ta Chen lu）"。

② 作者原文的脚注是：A chit is a written testimonial（便条是一种书面证明）。

上层圈子里也很熟知。我们与他的道别与和库绍克喇嘛（Kushok La-ma）道别一样，沉浸在对悲伤的大声慨叹中。但由于他们职责不同，同样是告别，却意涵不同：一个将去祷告，一个将去经商。

第七章　向北方进发

　　10 月 18 日，第 63 露营地，14 英里，海拔 16668 英尺。——最后我们终于翻过了几天来一直在眼前注视着我们的雪线。翻越的山口海拔达 18768 英尺，上面没有太多的雪，但那里寒风刺骨，我们没在顶部逗留。下山之后，藏族牦牛驮送队的人想停歇在一个少草又没水的地方，但我绝对不同意这样做，坚持让他们加把劲直到我们找到水源。再走了几英里后，我们发现了一眼泉水，于是扎营。我给他们每人一小笔赏钱打发他们走，他们非常惊讶又开心，因为藏民已经习惯于只被要求运输而得不到任何报酬。现在只得靠我们自己的驮畜来运输了。——系绑驮畜的缆索全然解散，一个杳无人迹的地区就在前方。我衷心希望前面不要有太多的高海拔山口需要翻越，因为在如此沉重的驮载负荷下，再没有比拼命翻越如此高海拔的山口消耗这些驮畜的体力了。藏羚羊再次出现在眼前。

　　10 月 19 日，第 64 露营地，10 英里，海拔 16363 英尺。——我们有相当长一段时间耽搁。由于我们从昌帕人（Changpas）那里得来的矮马显然未用作驮载，因此装载它们是一件相当困难的事，它们又踢又跳，还时不时地逃走，单纯把它们重新抓回来都很费劲。最后我们起程了，沿着一条大致西北走向的小溪河床前行，但它绕得很远，只得蹚过去又蹚过来好几次，而这又是相当困难的，因为尽管它上面覆盖着一层冰，但冰层还支撑不了驮货矮马的踩踏。一整天都刮的是从西南方偏西面来的极其寒冷的风，由于随着太阳被厚重的雪云所掩盖，大地冻结。狗和马一从水中走出，它们腿上的水就立即冻结了。

　　四个藏族向导中只有一个看起来对这条路还有点儿印象，但也相当模糊，但是他们很愿意干，帮忙装载并驱驱驼畜。

路上，我们看见了几群蓝羊和一些羊属动物的犄角。

10 月 20 日，第 65 露营点，12 英里，海拔 15760 英尺。——我们早晨起床时，天气酷寒，大风穿透营地。但当我们出发时，明亮的太阳出来了，我们想我们该有一个晴朗的天气了。然而不久，云层升起。周围的山上下起雪来，我们却幸免了。我们跟从的那条溪流渗失于土壤，这是西藏溪流的惯例，可我们得设法找一眼淡水泉。一个向导告诉我们，我们不久将到达一个有很多熊的地方，而且路上有很多盘羊（Ovis ammon），但是我认为他错了。我不认为盘羊在任何地方都大量存在，在一个非常广阔的地区散见它们，这是不用怀疑的，但不像牦牛和羚羊那样随处可见。

第二天早上起床时发现，我们的一些矮种马在夜间走失了，直到下午前，我们也没能找回来，所以不得不在此停留一天。

10 月 22 日，第 66 露营点，13 英里，海拔 16263 英尺。——一匹矮种马在早上的时候走失了，但这是一匹真正的礼品马，是庄（Zhung）赠送给我们的，无疑是驼队里最差的。我决定前进，留下两人在附近山谷中找寻，命令他们，不论是否找得到这匹马，他们得尽快再赶上驼队。

那个印度斯坦厨师真是个大麻烦。因为尽管他从没走路，却总是筋疲力尽。而且若不给他一匹矮马骑，他就躺在地上不动。不知道该拿他怎么办，如果把他丢下，他定会在太阳落山后被冻死；而让他骑马的话，他每天到营地时都被冻木了。他已经陷入了一种冷漠的状态，并且对他自己是死是活，漠不关心。

下午时候，被我留下的两个人归队了，他们没有找到那匹走失的矮马。

10 月 23 日，第 67 号宿营点，行进 13 英里，海拔 16563 英尺。——这条路仍然是朝向北方，过了一个小的山坳，我们发现来到一个广阔而开放的山谷中，山谷里有分散的小湖泊，还有成群的西藏野驴、西藏高原羚羊和其他羚羊在各处吃草。路上，一个骡子筋疲力尽地倒下，我们只好把它射杀。

那个印度斯坦厨师设法落后于驮队以使其足以离开视线，但他迷路了。我们不得不派人去找他，最终他被带了回来。

当我们到达时，营地里还有些水，但日落一小时之内，水就结冰了，无论出于无偿还是金钱购买，都得不到哪怕是一滴水。随着冬季来临，缺水问题到了更加严重的阶段，由于寻找淡水一直是个难题，现在又因为发现的水是冻住的而使饮用困难增加。通常能找到供我们所需融冰热量的足够燃料，但是为那些动物供热则很不可能了。我告诉向导我们向北走的燃料已经非常足够了，现在决定向东走。他们许诺再向我们正在走的方向前行一个行程后，我们就转向东走。

10 月 24 日，第 68 露营点，前行了 14 英里，海拔 15863 英尺。——仍然向着正北的方向前进，雪线就在我们的东边。傍晚时分，我们到了一个河道，河中的大部分水都已结冰，只有少量水由泉眼供应着而未结冰。我们扎营在河边。泉水周围有一些为藏羚羊准备的圈套，由 8 英寸直径的圆环组成，环内是以合聚于一点的尖钉呈锥角形朝下放着。那些动物，若其脚趾不幸踩入该环中，则难以逃脱，且该套环由埋于地下的一个犄角拴死，所以动物们无法将其带离逃走。

羚羊陷阱

其中一个向导告诉一些驮队客，驮队头目已从藏民那里受贿来把我们带到尽可能远的北方，而且他已经几件事都撒了谎。我派人找他

（这个向导）来我的帐篷，询问他。他几乎没有辩驳驮队头目的话，但他承认有一条比我们现在所走的更偏东的路。所以，我告诉他，如果他能经由一条要么南行要么穿过昌都（Chiamdo）进而到达塔色多（Tarsedo）（塔陈鲁 Ta Chen Lu）的路，他会被很好地报答的。但如果他再试图带我们继续朝北方走，那么我只会沿着我自己的路线前进，并且最有可能经过夏登·高巴（Shiabden Gomba）。他说，如果我们那样做了，他肯定会掉脑袋的。对此我回答："那么，好吧，决定权在你手里，带我们往东只要避开夏登·高巴（Shiabden Gomba），你就会有丰厚的回报，但往更北，我不会去的。"他诚心保证会如我所愿。

　　10 月 25 日，第 69 露营点，24 英里，海拔 16663 英尺。——出发时，我就惊讶地发现向导并不打算按照昨晚答应过的那样做，他正带着我们朝东北方向前进，并且他全然否认了他之前告诉过我的一切。我坚决拒绝继续朝那个方向前进，他们四人都郑重申明并无其他路可走。我说："好，我将带你们走往夏登·高巴（Shiabden Gomba）去的路。"改变了方向，我带着大家直直地朝东南方向的山脉中间的一片洼地走。他们跟着，大声叫喊如果我们再继续往那个方向前进，他们都会掉脑袋。他们跪下来，抓住了我的双手，但仍然坚称没有通向正东面的路。但我劝他们给我们指一条路，并说我已经走到了比合同约定更北的地方，绝不会再向着北方迈出一码的。若无向东的路，那唯一要做的就是去夏登·高巴（Shiabden Gomba），好长一段时间里，他们坚持说没有这样的路。但是，最后他们妥协了，承认有这样的路。我们改变了前进的方向，在他们的带领下朝东行进，路过一个至少有六十头的野生牦牛群。

　　我原本非常乐意捕获一头牦牛，因为它们的皮毛是极好的修补靴子的材料，但是它们处在一片非常开阔的地面，潜近是不可能的，所以只好让它们平静地休息。直到下午，也没见到淡水的踪影，雪也很少。一个继续向前行进找水的向导没有回来，我开始担心他已经逃走。尤其是因为另一个向导已经失踪，第三个试图开小差的向导也被抓住了。我派了一个人骑着矮种马寻找水源和失踪者的人回来了，但他报告说两者都不见踪影。看起来当晚我们只得渴着入睡了。但登上一个山顶时，令我们惊喜的是，那个找水的向导就在一片冻住了的池水边，这滩水地处一条溪流的河床，通过破冰，我们得到了一点水，但不能完全满足矮种马的需求。

10月26日，第70露营点，12英里，海拔16538英尺。——酷寒的一天。当我们登上一条山口时，西边的云彩掠过头顶。在山口的最高处，纤细的干雪正被冷风四处卷驱。我们从这里沿一条狭窄多石的河谷下行，山谷里一群蓝羊正在吃草，我们进入了一片宽阔地，里面有个湖。在一个地方，有条从山上下来的溪流，里面有大约有20码长的很清澈的冰，因此，矮种马可以尽情喝足——好几天它们都没这么饱饮过了。风力强劲，使得要搭起帐篷都非常艰难，而且，天气太过寒冷，导致几乎不能触碰铁制的帐篷桩。如果有人这么干，那他的双手会在相当长的一段时间里处于冻僵状态而无法动弹。把帐篷桩子砸进冻土，也成了一件棘手的事，因为稍一用力，它们就会破裂。

失踪的向导在下午归队了，但我们从未弄清他去过哪里以及他在哪里过的夜。

10月27日，第71露营点，6英里，海拔16838英尺。——早晨起床后，人们发现一匹马在夜里冻死了，而且更多的几匹不见了。在把这些走失的矮马找回来后，已经过了11点钟，12点前我们出发，所以我们只能前进很小的一段距离。从我们攀登上去的山脊上看去，前面有一个湖泊。向导想让我们往湖泊的北部走，他们说由于湖泊南边的所有土地都是纳木鲁（Namru）的地盘，我们不能进入。但正如我之前告诉过他们的那样，我们的路线是尽可能地往东走，当不得不做出二选一的决定时，我们优先选择往南而不是往北，我拒绝了他们，我坚守着一个底线：带我们走湖的南边。

在我们营地附近有大量的草地，又由于我感到相当疲惫，于是我们就此歇息了几天。

10月30日，第72露营点，15英里，海拔16763英尺。——绕到一片咸水湖的南边，然后翻过一座山脊，我们发现自己来到一个开阔的山谷。

10月31日，第73露营点，16英里，海拔16763英尺。——走出

羊头

山谷最前端，发现我们上一个营地已变成一条被穿过的小山口，并且这个区域被流入的几条水道划开。我们就在其中一条封冻的小河边扎营。凿冰求水是一件相当艰难的任务，由于我们唯一的斧子坏了，只好用石头砸。冰面下有一丝细流缓缓向前，让所有的马匹在此喝足水，需要很长的时间。其中一个向导说他曾在此守候过 3 个月，以警惕经此过往的楚克帕人（Chukpas）的任何队伍，在那段时间他见过许多只熊，但现在它们好像都冬眠了，因为我们未曾见过一只。

11 月 1 日，第 74 号宿营地，行进 18 英里，海拔 16463 英尺。——从这个营地出发，有一条向西北方向的路。这条路极其破烂，简直就不算是条路。向导说它通向图曼·查卡（Tuman Chaka），据此两段行程远的地方有座湖泊。由此出产的食盐供送拉萨市场。我试图从向导那里知道我们什么时候才可能开始下山，因为寒风冻得驮畜们有不良反应。但他们对此地的了解十分粗略，每个人的答案都不一样。

我们唯一幸存的一头驴，是行进中的驮畜里表情最为沮丧的一位，它每只眼圈下都吊着巨大的冰柱，这是它被冻住的眼泪，它本真的悲伤神情某种程度被强化了。

11 月 2 日，第 75 营地；19 英里，海拔 16363 英尺。——营地旁边有一些人骨，它是前一年被一群藏民杀掉的两个楚克帕人（Chukpas）的遗骸。其中一个向导告诉了我一个故事：卡姆巴·高老克

（Kamba Golok）人民曾经一度效忠于德瓦·庄（Deva Zhung），但是后来他们丢掉所有忠贞，带领人们去抢劫邻近地区。拉萨方面派军侵入他们的地盘，这震慑住了他们，他们派去了一位代表。按一般情况，他们会借口贫穷，请求允许一次浩大的劫掠后就忠诚而安静地生活。他们的请求被认可了，可从那以后他们还持续抢劫，完全拒绝履行合同中他们应尽的义务。他们的武装其实远不如普通牧民，据那位对这帮人的所谓勇猛并不看好的向导所说，他们每三四个人才只有一把剑和一杆火绳枪而已，而在安分的百姓中，人人都有武器。鉴于羚羊和牦牛见到后装式步枪时的强烈反应给向导们留下的深刻印象，向导们提议说，万一遇上一伙运载掠夺品的楚克帕人（Chukpas），那么，袭击这些人的话，会既大快人心又有利可图。

我们的跋涉是漫长而酷冷的，西南边升起的乌云隐藏了太阳。在这些高海拔地区，不见太阳的生存，成为一种负担。一匹矮种马完全跟不上驮队了，我只好将它射杀，这是那种情况下所能做的最仁慈的事。那里周围有数量庞大的牦牛，藏民飞奔在它们后面，成功地挑出了一只牦牛，并骑上它。那是一只半成年的公牛，在我看来就像从野生牦牛群中刚脱离的一只温驯的，但我深信在一只真正的野牦牛静处于平坦地面的时候，它也很容易被骑上。

11月3日，76号营地，26英里，海拔16113英尺。——一段在起伏丘陵上的漫长行程。我们出发时晴空无云，但不久，阴云密布，下起了雪。我派了一个藏民先行，探寻找水，但他直到下午也没找到。这时，我们路线北边约3英里远的地方，发现了一条冰封的河，其流向指往西北的一座湖。我们在冰块下找到了一些水，但还远远不够。驮畜们经历着非常恶劣的时刻——酷寒、累活儿、稀疏草地，以及一天只能供应一次的少量饮水。它们累倒在地也毫不惊奇。我们能否在它们被压垮之前，就赶到一个定居区，越来越成问题。我和索罗尔德博士（Dr. Thorold）都被皮肤过敏状态惹恼，将其归因于空气的极度干燥，但随后我们突然想起，皮肤过敏是在藏族向导出现后才有的。基于此推断，立即发现了疗法——昆虫粉，以往的经历使我认识到昆虫粉在亚洲旅行中必不可少。向导们一致说：再有四天，我们就应该开始下行，但他们是否知道实际情况，尚不确定。不管怎样，像他们这样的说谎者，他们的任何一句话都不可信。

11 月 4 日，77 号营地，11 英里，海拔 16238 英尺。——在这天的行程之后，藏民辨认出我们再有 5 个停歇的行程即可下行。

11 月 5 日，78 号营地，11 英里，海拔 16148 英尺。——沿着来自图曼·查卡（TumanChaka）的路行进了约 5 英里。离开这条路后，我们约走了 6 英里到达一个地方，此地有一个尚未完全结冰到底的水池，于此扎营。

11 月 6 日，79 号营地，13 英里，海拔 16130 英尺。——离开上一个营地后，我们上到一座矮小易攀登的山口，然后下行到一个宽广开阔的谷地，山谷里有一些牦牛在吃草。谷地东北面的山脊上，精美的雪峰清晰可见，显然那是当拉（Dang La）雪山。谷地中，一条小溪沿着东南偏东方向流淌。

11 月 7 日，80 号营地，14 英里，海拔 15689 英尺。——一路都是缓缓地下行。每个人都在脑子里反复琢磨这个问题：我们最后能否从青藏高原（Tibetan plateau）上下来。

11 月 8 日，81 号营地，10 英里，海拔 15439 英尺。——第一段行程是沿桑坡（Sang Po）河的河床下行，然后，跨过冰面（因为冰面打滑，挪脚困难。在动物走过前，得在冰面上撒大量沙子），再上到一个山口。这是一座沙质山，却有着丰富的泉水和粗劣的野草。当我们扎营时，我决定停歇一天，以便动物休整。

如此高海拔的地方居然还有乌鸦，这是一个很大的谜。这儿许多乌鸦总是绕着我们的营地。在昌（Chang）最贫瘠的地方，若任何一个动物被宰，几只乌鸦总会绕飞近旁，想要为自己争一份食，它们的存活简直就是奇迹。它们是病态大自然里爱争吵的家伙，当两个乌鸦聚在一起时，战斗定会发生。一只髯鹫几乎整天在绕着营地盘旋。尽管它们是几乎遍及整个喜马拉雅山各地（Himalayas）的鸟类，却不在西藏中部（Central Tibet）极高的高原上飞翔。

水是充裕的，我洗了澡——这是我的怪癖，肯定使得营地的那些跟随者们惊骇异常。

温度计挂在帐篷里，太阳照着它时，能升高到 66℃，但夜里却能降到 -14℃，昼夜温差达 80℃。

11 月 10 日，82 号营地，海拔 15194 英尺。——晚上，狼来偷吃羊，且咬死了 7 只；更多的几只被咬成重伤，我们不得不宰掉。这些猛兽能够完成自己的掠夺而不惊动营地里的任何一个人。

下午，我通过一个漫长的交叉性提问来检测了向导，结果让我很疑惑，他们到底是对此地绝对无知呢，或者仅仅是知识不够全面。

11 月 11 日，83 号营地，19 英里，海拔 15389 英尺。——穿过一个小山脊后，我们来到一个稍大的、宽约 80 码的河边。我们不得不沿着这条河走一小段路，直至找到一个完全冻结实的地方，以便踩冰过河。向导称此河为桑坡（Sang Po）河。这个名字也曾用在两天前我们穿过的那条溪流上，尽管很明显两者不是同一条河流。穿过溪流后，看见远处有几个人。他们绕行，然后上前和我们碰面。原来他们是楚克帕人（Chukpas）的一个抢劫远征团伙。他们每个人佩着火绳枪、剑、长矛，就像任何人都能见到的很多无赖的那种不招人喜欢的样子。他们开始辱骂向导，嫌他带陌生人进这个地区，但我制止了他们，又继续骑行。他们骑上非常健壮的矮马，另有两个人扛着这伙人的行李。

当我们搭帐篷时，看见远处有两个男人，过了一会儿，其中一个人骑马进到我们营地，他自称是那曲（Nakchu）人，并说他们来这里猎牦牛。他称这片区域叫邦罗（Bongro），我们刚穿过的河是德瓦·庄（Deva Zhung）领地的边界，他称作昌萨卡·桑坡（Chang Sakia Sang Po）。

他说，在这么偏远的东边，楚克帕人（Chukpas）不会去抢劫犯罪的，但是最好夜里仍保持警戒。他说当我们离开了这些人的时候，他注意到他们环形绕开，现正在附近的山区监视我们的营地。我派出一支巡逻队，巡逻队未看见什么就回来了，但夜里设了岗哨。尽管他们攻击的可能性不大，确保安全总还是好些。

11 月 12 日，84 号营地，13 英里，海拔 15469 英尺。——这个地区的周边，尽管有 1000 英尺的低海拔，但跟昌（Chang）这个地方的地理特征一模一样，河流流向四面八方。熊的踪迹清晰可见，但它们很老了。狼在驻地周围潜行，非常粗野又机警，想要猎杀一只狼，几乎是不可能的。

　　11 月 13 日，85 号营地，17 公里，海拔 15694 英尺。——在这里我们发现自己置身于一个牧民聚居区。牧民的黑帐篷分散在山谷中，静谧的侧岸上牛羊在吃草。此地区被称为安多（Amdo）地区。这里据说有 200 个帐篷。向东北方向走 4 天可到扎马（Zama），要到当拉山口（Dang La Pass）则要 6 天；到夏登（Shiabden）则要往东南偏南方向走 3 天。据说到塔陈鲁（TaChen Lu）要 5 个月，显然这是夸张说法，实际应该不会超过两天半。

　　11 月 14 日，86 号营地，15 英里，海拔 15439 英尺。——出发一、二英里后，我们来到一个帐篷前，在那儿我们停下来问路。一个好心的男人出来，但是他妻子派她大约 12 岁的儿子给我们带路。他领我们翻过一个山口，然后下行到一个被称作托嘎龙帕楚（Thoga Long Pa Chu）的河边，这条河全是已经融化和才化了一半的冰，它增加了我们越的难度。随后，我们翻过另一个叫波楚拉（Buntsu La）的山口，沿一条狭窄的沟壑，进入一条广阔的谷地；山谷西边的尽头是一个名叫朝纳措（Chonak Cho）的湖，几顶帐篷散见在湖的周围。我们年轻的向导迷失在错综复杂的沟壑里的什么地方了。一整天，雪一会儿下，一会儿停——这对于矮种马来说是最严重的问题——因为地面有雪，它们要想捡一条命，几乎是不可能的。

竹鸡

第八章 进入居民区

11 月 15 日，87 号营地，15 英里，海拔 14890 英尺。——晚上，云层消散。我们出发时，太阳升上湛蓝的天空。我派一个人到邻居的帐篷争取得到驮畜。行进中，他重返队伍，带来了居民的头人。我们进行了一个大型谈判。谈判成果是，他将给我们提供向导和牦牛直到我们到达西藏与中国内地最远的交界地。但他无法马上弄到这些驮畜，所以我们有必要停几天给他时间征集驮畜。这对我们来说是一个节日，因为两个原因：首先，我们已到了海拔 15000 英尺以下；其次，我们现在到了一个能弄到运送力的地区，我们再也不用依赖我们自己筋疲力尽的驮畜了。第二天大概正午时候，头人来了，带来了承诺给我们的驮畜。他说，上一年，来了两个欧洲人。显然他们是奥尔良的 M. 本瓦劳特（M. Bonvalot）和亨利王子（Prince Henri）。他说他们从北边来越过当拉山口（Dang LaPass），从那里再进入纳木如（Namru），然后停在那里。11 月 17 日，88 号营地，19 英里，海拔 14740 英尺。——到了一个山谷，山谷里有无数的泉水和沼泽地，庆幸的是都被冻住了。男人们说他们曾看见过一只熊，但那时我是走在驮队前面的，却没有看见。一头骡子因跟不上队伍而只得丢下。

11 月 18 日，89 号营地，17 英里，海拔 14925 英尺。——出发前，我们发现有几个人在旁边的山谷中。我派了个驮队客去弄明白他们是谁，并尽可能多地获得一些关于道路等方面的信息。他回来说他们是从塔陈鲁（Ta Chen Lu）来的运送茶叶和烟草的商队。两种东西的样品都是被做出来的：茶是十足的垃圾；至于烟草，则外观和气味一点都不能与芳香叶子相称，而似由一种引火木做成。他们说去塔陈鲁（Ta Chen Lu）有两条路，他们经由简单的那条来，已经走了两个月 11 天了。

曾经有几天，我们走过的是一个有红色岩石与土壤的地区，但现在我们到了一个典型的花岗岩地区；大岩石四处横躺，到处是长满丛草的大块沼泽地。我们驻地周围有很多这些东西，由于要完全覆盖它，还得需要很多雪，所以，这些地方被牧民们作为冬天的栖息地。在我们附近有这些牧民们的一个很大的帐篷。他们用牛粪在帐篷的西面建起一道墙围，用来阻挡盛行风，而且用同样的材料建了羊圈。在每个帐篷的外面，都能看到好几大堆这样的材料堆在那里。我派人去叫头人来问驮畜情况。一个青年过来回复说，头人住在离这里有半天行程远的地方，没有头人的命令什么都不能做。不过，他可以找到他，并在早上之前带来首领的回复。我问他这个地方是属于中国内地管还是属于拉萨管。他回答说，我们现在中国内地的范围内，并且这里的居民决不隶属于德瓦·庄（Deva Zhung）。

太阳正在失去了它的热力，甚至倒进杯子里的茶在白天也能很快结冰。

10 月 19 日，第 90 号露营地。——到了晚上我才发现说头人住在距离我们半天行程远的话是捏造的，实际上他住在仅 1 英里以外。黎明时分，我们挪动帐篷，把它搭建在头人帐篷的旁边，并派一个人去叫他。那个青年过来了，原来他是头人的儿子。但是我佯嗔那个"大人物"（首领）不亲自过来，拒绝招待这个青年。他很惶恐地离开，首领很快出现了。在我的帐篷里坐下后，他要求查看我的护照，看过之后就变得很友善了，并且承诺提供到下一个头人那里的驮畜和向导。他一个字也不会读，哪怕是一份旧报纸。我试着与他商定为我们运货并引路到塔陈鲁（Ta Chen Lu），但即使我给了他丰厚的报酬，他对此未表态。他只说非常高兴为我们提供免费运输到他的领地边界，至于去塔陈鲁（Ta Chen Lu）的路，则有一个 39 岁的头人，会如他所做。事实上，他很担心与陌生人做交易而惹上麻烦，但同时又急于看到我们离开他的领地。在东方（East）待了很长时间后，我毫不犹豫地将藏民列入我所遇到的所有人中的撒谎者行列。我问了十几个人这个地方叫什么名字，每次都得到了不同的答案。我自己觉得此地正确的名字是阿塔·托马（Atak Thomar），这是到过此地两次的人所叫的名称。

11月20日，91号营地；15英里，海拔14900英尺。——许诺给的牦牛直到上午9点才来，因此很迟才出发。整天的行进都是极其糟糕的。整个地区，甚至山顶，都被丛状的草所覆盖，每个草丛周围有个1英尺深的坑。

德瓦·庄（Deva Zhung）辖地的那四个人急于离开我们，他们说因为将欧洲人带入了他们的地区，首领威胁要砍掉他们的头，但我拒绝让他们走，因为他们存在于营地是我们与西藏官方友好商定的证明。而且，契约中规定他们应当在我们到达塔陈鲁（Ta Chen Lu）之后，才可被允许离开，而不是之前。

夜里，我们唯一的最低温测量计被牦牛打破了，这是一个巨大的损失，剩下的确定温度降到多低的唯一方法就是每天早上日出前读取普通的温度计。

11月21日，92号营地，16英里，海拔14525英尺。——穿过一座很小的山口，沿着河床下行，我们到达了另一个牧民区的总部，潘桑（pansang）或者称作头人①的人过来看望了我们，并承诺将安排运输②。回到帐篷以后，他赠送了一满桶牛奶作为礼物，作为一件少有

---

① 原文为：The pansang, or headman, came over to see us.
② 我们看到，一路上，头人们不但提供运输任务，还主动免费。即使是在作者一行人与拉萨官方达成的协议中，也并未提到要提供货运帮助，更未提到免费提供，花费那么多的人力、畜力和时间，似乎毫无怨言还积极热情。原因是什么？如果当时中国的清政府不是腐败无能的，西藏地方政府能那么被动地与这些人订立"送行"协议？此地的头人们还需要一路开绿灯地"免费送行"？其实，老百姓们心里都明白，得罪不起这些人，盼望他们早点儿离开此地。

的奢侈品以及他表达善意的证明，这是非常合意的。据他说，由此有两条路通往塔陈鲁（Ta Chen Lu），一条更偏北的路会通过嘎昆多（Gyakundo），另一条路会经过恰姆多（Chiamdo）和巴塘（Bathang）。在塔陈鲁（Ta Chen Lu），有欧洲商人和传教士，他们建造了有玻璃窗的房屋。

11 月 22 日，93 号营地，9 英里，海拔 14325 英尺。——早上潘桑（pansang）来了，带来六头牦牛，并且为要延迟带剩下的牦牛来而致歉，因为这些牦牛还放牧在远一些的地方。我怀疑那只是一个为了耽搁我们计划的借口。我们给这六只牦牛装上货，留下了一些谷物和糌粑让另几个人负责随后带来。潘桑（pansang）对我们的利好是：他是唯一给出了包含一定量可能是真实信息的藏民。

用来迫使倔强牦牛屈服的方法是：两个人分别抓住一个牛角，同时突然拼劲往外一拽。这一拽，就好像牛角要与其基座分离，但并无此灾难发生，被释放后的牦牛十分胆怯，非常安静地站在原地，让别人装载货物。

走了大约两英里路后，我们穿过了一条从拉萨（Lhasa）到西宁（Sining）的老路，沿这条路上的一条岔路可翻过当拉（Dang La）山口。这个地区的人口相当密集，我所看到的中国内地藏民的聚居密度要比西藏大①。不过，原因是自从我们离开了德瓦·庄（DevaZhung）的边界，我们就一直下行，所以这个地区变得更适合于人类居住。我留置的东西在下午被带来了，潘桑（pansang）还带来了一个口信：如果我们（从老百姓那里）带走牦牛遇到任何阻力，就应该抓住这些人，如果有谁反抗就揍谁。在印度人所共知的祖博达斯提（zubbur-dusti）显然在西藏不为人所知。

---

① 作者的表述有些地方是错误的，译者对其予以纠正。这句话的原文是：The country was fairly thickly populated, and, so far as we had seen in Chinese Tibet, the population was thicker than in independent Tibet.

我们所到达地方的头人拜访了我们，除了带来照例必有的哈达或者说问候的丝巾，还有一些牛奶。他答应第二天早上提供牦牛。由于我听说这地方周围有很多小偷，我叮嘱他若我们有物品被盗，他得负责。他并不喜欢这个意见，但似乎也会尽力照办。

一位曾被索罗尔德博士（Dr. Thorold）医治过的病人为了感激他，送了一些上好的黄油，对于吃惯变质食物的我们来说，这算是一顿大餐。

11 月 23 日，94 号营地，19 英里，海拔 14200 英尺。——天亮前，许诺给的牦牛就到了，故无须实施墨玛·阿塔克（Memar Atak）的潘桑（pansang）惩罚居民的建议。行进路上，多为泥泞路面。后来，下行到一条只可涉水而过的河边。积雪融化后的道路，必将难以行进，又一只矮马走不动了，只得射杀，这已经成了一个规律性的日常工作，有时每天会杀掉更多。路上，还经过了一些捕狼的陷阱。这些陷阱是一个地下挖空的深坑，坑口盖上木板。这个木板若被狼踩上，就会顺势塌陷，并拽下一块石头，而石头会就此猛拽紧绕在坑洞颈部的绞索。

狼在这些地区是个顽固的祸害，大量糟蹋畜群，而后者是当地人仅有的财产。

"能让别人替你做，你就别做。"这句亚洲人的座右铭被这些队伍跟行者的做事方式醒目地印证了。无论是捆扎装载驮畜，砸桩搭起帐篷，收集牛粪燃料，还是做其他别的什么，他们总会设法诱使一些前来观赏陌生客人的藏民去帮忙干活。——这是一个计划，它把对我最衷心的支持当作打击人家好奇心、加速自己工作的方略。

11 月 24 日，95 号营地，10 英里，14025 英尺。——拉萨方面派送的 4 个藏民吵闹着要被允许返回，说再继续走的话他们肯定会被中国内地人砍掉头的。但我听了太多关于砍头掉脑袋的话了。这已经变成了一种狼哭，不再那么感人，所以告知他们：契约规定他们得去到塔陈鲁（Ta Chen Lu），因而到达塔陈鲁（Ta Chen Lu）是他们必须要做的①。

在集合所有的主要居民时，我试图从他们那得到一些关于道路和地区状况的信息，但没有收获。他们承认自己无知又撒谎，这说明我一如既往地聪明。不过，他们答应第二天一早提供运输，在这一刻，它比获得信息更重要。

然而，天黑之后，我们发现，由于我谦卑有礼地和他们交谈，——我们在与中国内地人和西藏人交往中所犯的一个大错误——他们已经有点沾沾自喜，进而告诉那些一直跟着我们的藏民："是你把这些外国人带到这个地区的，你可以带他们去任何你喜欢的地方，但他们不会得到我们的帮助。"我马上召集他们并与他们谈话，特别

---

① 这段话的原文是："It had become a cry of wolf, and had ceased to be impressive, so they were told it was in the bond that they were to go to Ta Chen Lu, and to Ta Chen Lu they wouldhave to go." 显然，汉密尔顿·鲍威尔很生气四位藏胞的祈求及其所说的类似套话性担心。在他的文字表述中，已经不止一次对藏民的"撒谎"表示愤慨了，这一点，在前面的脚注中译者已经提及。不论是基于对他所遇到的当时那种情况下的某些藏民的言行不满或者不理解（相信更多程度上是他们对藏民的不理解、不了解和误解），还是基于作者一行人的被敌视和不被信任，由于情况出现在特定时代、特定地域里活动的特定一些人，作者一行人的言行的合法性我们权且不论，但是，作者屡次在个人私密性的日记中的这种对中国藏族同胞的蔑视性言辞，译者不得不提请读者注意上文的用词：藏族同胞的祈求被理解和表述为"a cry of wolf"（狼的哭泣）。此前汉密尔顿·鲍威尔先生曾经把假称自己是商人而实际抢劫牲畜和财物又杀人如麻的土匪楚克帕人（Chukpas）表述为"披着羊皮的狼"，如果说这是对藏族同胞中的那些谋财害命者的愤恨的话，那么，这里的表达，恐怕就不仅仅是身处环境影响（据前文日记所载，作者所处的地界狼群很多）的随感而发，英国人用词是很讲究其情感性的。即便是行伍出身的汉密尔顿·鲍威尔先生（此时的真实身份是上尉，由该日记的封面署名可见。关于作者的基本情况，请参看译者序言部分），也不会不懂得自己所用之词到底是在表何意。狼的本性是伪装下的残忍、本能中的多疑与劫掠时的贪婪，而汉密尔顿·鲍威尔先生伪装自己身为间谍（spy，相关情况参见译者序言）的真实军事侵略之目的，仅由自己所查考的西藏地名、水名或山名的读音之不能统一而频繁定性藏族同胞为"撒谎者"时所表现出的多疑，以及前文（参考作者 10 月 4 日的日记内容）令汉密尔顿·鲍威尔先生"感到震惊"的所得财物，因为东西多到了"驮队从头到尾有几英里长"的程度，这是作者对自己从中国人民手中得到的，随后的"免费"所得不再计数，汉密尔顿·鲍威尔先生都不客气地"得到"了，这种"得到"与"劫掠"似乎是有区别的。但结合他终其一生对中国西藏的观觎和 19 世纪末 20 世纪初英国人对西藏的侵略，就可以联系到作者在日记里所用词汇"wolf"的别种用途与意涵。

小心地避免因为之前过多的客气所带来的错误。结果是牦牛和矮种马都在承诺的几小时之内被送达。我的错误是由于我的礼貌，还是由于和西藏人或中国内地人假装友好，彻底搞明白这个问题，花费了很长一段时间。甚至经历了愚蠢的教训之后，我还经常无意间礼貌地、体贴地对待他们，作为回报，他们表面上尽可能地显示出礼貌，但经常会在无法被人察觉的时候，在众人眼皮子底下把自己抽身事外，并用牵强附会的侮辱来贬低对方，且总是设法推诿任何既有的约定。通过语气傲慢、彬彬有礼，并竭尽本性中的诚实，来确保自己。

　　11 月 25 日，96 号营地，15 英里，海拔 14025 英尺。——我们早早起来，想当天走一段长路，但到纳克楚·萨图克（Nakchu Satuk）时，比我们预期早得多。那个要给我们运输上支持的强壮男人就住在这里。帐篷一搭起来，我就派一个驮队客去叫他，结果来了一个男人，他为那个大人物的缺席致歉，说他是其代理人，很乐意做我们想要的任何事。我询问运输和向导，他回答说，根据这个地区的习俗，带我们来这儿的那个人应该领着我们再往前走几英里路，而从那个地方开始，他才开始负责。如果我们早晨去那里，他会把一切准备好，这样我们就可以把驮畜的重负挪减到另一个驮畜上，这样也不会有延迟。我同意他的话，告诫他别食言。他申明后离开了。他的申明是：如果我们未找到等待着的驮畜，我们可以随意地割下他的脑袋。但是，唉，他的申明超出他能力所及了！

　　两个藏民正骑马路过我们营地。我让一个人去叫他们，但他们骑着矮马拼命跑开。这些地区，对陌生人的恐惧似乎很普遍，它不仅波及外国人，而且所有藏人彼此之间似乎也很害怕。

　　11 月 26 日，97 号营地，7 英里，海拔 14450 英尺。——我在黎明前起床，希望能够早点出发，并叫醒整个队伍。天气酷寒，地面上覆盖着几英寸厚的雪，所以没人对我们的叫早表现出一点儿热情与匆忙，这并不稀奇。那位印度斯坦厨师舒服地躺在床上，有人进帐篷叫他，他起床并着手准备。半个小时之后，听不见动静了，我进去一看，发现他又睡着了。所以我彻底叫醒了他。

　　太阳升起时，我们出发了，但落雪与丛草结合，行进非常困难。

我们到达为驮畜卸载减重的地点前，已是中午了。但到那之后，并没有看到等待替换的驮畜，我们发现那位大声申明的朋友，正和一大群妇女清扫积雪以便腾出地方供我们搭建帐篷。当我问及驮畜牦牛时，他说这个地方还有另外两个头人，此二人还未将其配额送来，但他们很快就会到达，与此同时，我们最好停歇一天。尽管很恼火，但也只有勉强同意了。至少可以见到上千头牦牛，但是他说这都是奶牛，并确信在此给我们打一满桶牛奶；他还友好地送给我们几麻袋干牛粪。地面盖着积雪，我们自己弄不到任何东西，所以，我们十分感激他的周到。一整天，雪都没有融化的迹象。无疑，这样高海拔的地方，这样的季节还是来得太晚了。违约的首领没来，他们的驮畜也没来，一下午就这样过去了。我派卡里克（Kallick）去找他们，弄清楚他们是否真打算给我们驮畜。夜幕降临时，他还没有回来，我开始担心他，但是什么也不能做，因为天已经很黑了，而且我们只知道他离开的大致方向，出发去寻找是无用的。

11月27日，98号营地，全天走了17英里，宿营地海拔14850英尺。——我们早上起床时，仍然不见卡里克（Kallick）的踪影。我正在纠结出发去追踪他雪中的足迹，是否是明智之举。这时，感知到有一些牦牛和矮马在山坡上被驱赶着向营地走去。拿到一架望远镜观望，竟然发现卡里克（Kallick）和它们在一起。

终于回到营地，他说，头人的帐篷距此很远，他到那里时，每个人都睡觉了。然而，他们都因为他的一声尖叫而惊起了床。头人走到门前，傲慢地问他：“你是谁？你想在这干什么？你不会在我这得到任何帮助，你越快离开这个地区，对你越好。”外加不断地辱骂。卡里克（Kallick）的优点就是擅长虚张声势，在这段经历中，他胜过任何一个藏民。双方展开了一场你来我往的脏话比拼，结果是卡里克（Kallick）大获全胜，赢得驮畜作为战利品。

在我们出发后不久，我们就找到了一条通往拉萨（Lhasa）的宽阔路径，这条路上，我们遇见了很多带着满载黄油的牦牛赶往集市的藏民。

我们的矮种马绝对是饿坏了，它们开始吃路上发现的任何污物。

其中几个矮马已筋疲力尽。要我们放弃或者杀掉曾经做出如此巨大贡献的驮畜，实在令人心碎。不过，每当我恰好在帐篷近旁时，总会给那些无缘得到人们关心的驮畜一些精心照顾，希望它们能够恢复健康。

我们的小麦几乎都耗尽了，只能足够喂养剩下来的两个小牲口，但是通过掺入糌粑我们有了平衡供应，甚至可以多撑一段时间。

11 月 28 日，99 号营地，24 英里，海拔 14950 英尺。——一个多云的晚上，一只矮马死了。白天下了一天的雪，从而使矮马吃到的草比以往都要少。幸运的是，我们扎营的地方有一种生长在河边峭壁上的草，而这个地方雪却落不住。虽然草不多，但也勉强能给它们充饥。唯一能够支撑他们活下去的机会，就是寄希望于接下来的几天中能够到达一个不这么荒凉的地区。厨师并未同我们一起到达营地，所以我派了两个人回去找他。两人回来说没见到他的踪影。于是我又派了两个人，给了他们一些食物和我们所有的酒，包括一杯藏在药柜里应急的葡萄酒。

第二天早上还不见厨师的踪迹，还有那些派去找他的人也没有回来。然而就在下午 2 点，他们都回来了。原来厨师本来一直跟着驮队后面，可是他的矮马倒下，死了。他也曾试图步行赶上驮队，但是他太虚弱了，于是坐下来在山坡上度过了一个晚上。幸运的是他有一个羊皮袍子，一个毯子，还有原本在小马身上的厚的衬垫鞍褥，否则他一定会被冻死的。确实，他能侥幸没被冻伤，就是个奇迹，何况那是个刮风的夜晚，即便是第二天天亮时候，温度都仅有 2℃。

夜里，我曾观测所处纬度——这是一件苦差事，我得用冻僵的手指旋拧一个特小经纬仪上的螺丝来架稳它。坚持观察是一个很重的负担，我几乎没有观察到我想要观察的东西。有时几天，甚至几周，天空都是昏暗的，或者由于风太大而点不燃马灯来照明。因为白天的时间，我们都是在行进赶路，因此在白天没法进行太阳观测。

11 月 30 日，100 号营地；25 英里，海拔 14650 英尺。——这一天的行程非常艰辛，全天都行走在一个被沟壑切断地表的地区，条条沟壑都有小溪流，这些溪流都汇进一条名叫鹿茸楚（Lurung Chu）的大溪流，它大致流向是东南方。沿着它走了三天，我们到达一个说是叫作孔（Kong）的地方，这里将会发现树木。这很有可能，因为在行进途中，我们看见了许多灌木丛，看起来就好像我们很快就可以到达乔木区一样。

路上我射杀了一头熊，但生物分类上不属于熊属，它们通常是以智慧著称的，但这是我所见过的最大的傻瓜。当它被发现时，索罗尔德博士（Dr. Thorold）和我自己还有我的矮马全在他眼前约 200 码远的地方，风把我们的气息直吹向它。我朝他开了一枪，子弹紧贴着它的脊背飞了过去。但是他仅抬头看了看，然后又继续安静地寻找食物，干脆没挪步。然而，两颗分别穿过他背部和臀部的子弹，结果了它。实际上，它们习惯看到非常惧怕他们的藏民，它们与印度的黑雄鹿不同，显然还没学会辨别欧洲人和当地人。向导告诉我们它们经常像喜马拉雅（Himalayan）黑熊那样袭击人们并用熊掌击伤他们的颜面部位。

第九章　进入石屋地区

12 月 1 日，第 101 营地，9 英里，海拔 13210 英尺；图克桑当岗（Tsuk Sun Dong Gong）。—— 亚拉山口（Yag La pass）是一条很长但也能轻松登顶的山口，山顶上有一堆被艳色布条和旗帜装饰的玛尼石①，旗帜和布条上印有佛教经文。一到山口顶上，随行所有藏民都尖叫起来，随之，他们开始努力嘟哝着念诵经文。下行斜坡路大部分都被积雪覆盖，而且非常陡峭。一些牦牛和矮马滑倒了，但是，说起来很奇妙，它们每次都能幸运地在滚落不远就停住。这个斜坡，无论从上面看，还是从下面看，都感觉是：无论任何动物，只要滑倒，就会滚落陡坡，滚不到几千英尺是不会停住的。那么经纬仪和那些驮畜背上的其他仪器的命运，在穿越那么长距离又不停撞击在锯齿岩石上之后，又会是怎样的呢？成功翻越之后，我们庆幸自己顺利从我们所翻越山口的阳面越过去了；要是命运指引我们得从路过其更陡峭的积雪阴面，那么，该山口将是一个非常麻烦的障碍。离开雪地后，我们进入一个狭窄的山谷。山谷里，有一群岩羊正在吃草，在稍远处的一些灌木丛里，我瞥见像喜马拉雅斑羚的稀有动物（喜马拉雅岩羚羊或喜马拉雅斑羚）②，但由于距离太远，而且，它们体形太短，也没法用望远镜看清。他们很可能是麝——一种人们更自然而然地期望见到的动物——但我当时却清楚地认为它们不是麝。

---

① 原文的脚注内容是：Piles of stones ornamented with ragged flags found on the crests of all the principal passes in Tibet.（藏区所有主要山口的顶部，都会有上插粗糙旗帜做装饰的成堆石头。）

② 作者在括号里的注释内容为 "Himalayan chamois, Nemorrhedm goral"。

　　离开雪地之后，我们进入了一个狭窄的名为索克楚（Sok Chu）的山谷，一眼就看到名为塔克孙东贡（Tsuk SunDong Gong）的寺院坐落在一个孤立的巨岩之上。走近它时，眼见一间间用泥巴墙筑就的矮房聚集在大岩石脚下。这一情景充分体现了藏区一些事务的状况：舒适堂皇的寺庙里，住的是肥胖的、穿着讲究的僧侣们；而可怜的矮房里，则住的是非常贫穷的农民，他们从灵魂到肉体都只能是蜷缩在和尚们脚下的奴隶。对藏区而言，唯一救赎的机会就是对外交流，如果拒绝这样的交流，喇嘛们（Lamas）和中国内地人就会拼命厮杀。要知道，一旦某天外国人出现，喇嘛们手中用以统治其老百姓的铁棒，就会发抖。另外，到了印度东北部阿萨姆邦（Assam）的后花园和达吉岭（Darjiling）开放而实现了自由贸易的那一天，美其名曰"茶叶"的细枝与废叶的大量贸易，将会停止①。

　　乍一看到寺院时，我们的头脑里还没什么太多美好的想法，只是在如此长时间里仅能看到牧民的黑帐篷而没有别的替代品的时候，意外地再次看到房子，而感到单纯的高兴。但一当看到这里的田地耕作时，我们的开心就增加了。只心想，要再有几棵树，这图景就完整了。无疑，我们在附近的一个地方发现了树木，这就好像是在一些送给我们的燃料中，有一点儿在我看来是桧属云杉（Junvperus excelsa）的东西。

　　我们搭好帐篷后，有个男人从寺院走过来问我们是谁，我们想要什么；但是很显然他没有什么地位，我就把他打发走了，说道如果这

---

①　作者的原文表述是：and that in the other the enormous trade in twigs and waste foliage dignified with the name of tea would cease the day that free communication with the gardens of Assamand Darjiling was thrown open. 请注意，作者在原文对茶叶的理解是"twigs and waste foliage dignified with the name of tea"（美其名曰"茶叶"的细枝与废叶）。可见作者对茶叶的认识还停留在非常肤浅乃至鄙陋的阶段。殊不知，中国是茶树的原产地。以茶为饮改变了人们喝生水的陋习，较大地提高了人民的健康水平。茶在欧美，被认为"无疑是东方赐予西方的最好礼物"，"欧洲若无茶与咖啡之传入，饮酒必定更加无度"，"茶给人类的好处无法估计"，"我确信茶是人类的救主之一"，"是伟大的慰藉品"等。可是，这位英国上尉汉密尔顿·鲍威尔先生却给出了与别人截然不同的理解。

个地方的首领愿意过来的话，我会很高兴和他交谈，但我是不会任由每个临时的仆从来盘问我们的。这已经达到了预期效果，大人物迅速走过来，非常真诚地为其属下的行为道歉，希望我没有生气。我告诉他，我不是生气，而是当事情必须在两个人之间完成时，最好不要第三方干预。然后他问了些诸如我们来自哪里、要去哪里的普通问题，突然停下来问我们的年龄。当我们告诉他时，他非常吃惊我们如此年轻，就像大多数东方人不习惯见到欧洲人一样，他不能区分一个白皙和灰色的外貌。

在那之后，我向他索要驮运牲畜。他同意给，并承诺派人立即征集驮畜。这是非常令人满意的，在很多次鞠躬中，他离开了。

后来，索罗尔德博士去了寺院，希望能被允许参观一下，但被告知，唯一一个他能进入的庄严的门也禁止开放，这将导致亚拉（Yag La）山口将永久关闭。喇嘛们（Lamas）反对人们进到寺院里面参观，我觉得，这主要是他们考虑到刻意反感他们所拥有的财富被人知晓。

在寺院四周，在私人住宅的墙壁和烟囱上，都能够看到绍乌楚（Shoau-chu）或称藏牡鹿的犄角，当地人说这些动物可以在杂玛（Za-ma）、那曲（Nakchu）和去往嘎昆多（Gyakundo）的路上见到。它们只生活在树木生长海拔以上的地界，而不是生活在山岭低处被森林覆盖的区域。

12月2日，102号营地，15英里，海拔13425英里。——早上，一个衣衫褴褛、样子很可怜的穷乞丐来到我们帐篷，向我致以穆罕默德（Mahomedan）色兰（salaam aleikum）之和平礼。惊讶之余，我回道，和平与你同在，然后叫一个驮队客翻译，并询问他是谁。他说那人是一个中国内地的伊斯兰教徒（Mussulmao），来这里是为一个清朝高官服务的，但他们被强盗洗劫了。其他人努力并成功逃走，但是他却被关押了。在所有的东西，甚至身上的衣服都被洗劫之后，强盗释放了他，从那以后他就靠着藏人的施舍生活，但非常想离开这个地区。我告诉他如果他愿意跟着我们，并愿意干活儿，他会得到吃的和穿的。那乞丐欣然同意并立即加入我们。

不久，头人来了，带来一份礼物：四只羊，一块茶，少许粗糖，

西藏灯烛

一些黄油和一小方劣质欧洲布。我则回赠了一些珊瑚、一个克什米尔（Kashmir）杯子、两方丝绸手帕、一些布料，和 10 个卢比。但是他却坚决拒绝接受我们的赠礼，因为他们认为不应该收取客人的任何东西，而我们是这个地方的客人。他们所做的一切都只是为了博取好感罢了，他的顾虑是很容易理解的。

我们很晚才出发，因为事先承诺的牦牛直到中午才到，等到全部东西都装好，又一个小时过去了。这地方的河面上有两架桥，其中一架桥的模式在喜马拉雅山区最常见，它由一系列大梁承重在河堤两岸凸出的石头上，最下面的大梁，是最短的；最上面的则并拢起来。

另一架桥，则是由铁链连成的非常长的链子，上面没有任何横条。然而两架桥都年久失修了，所以我们不得不从冰面上穿行。

途经一个名为伊塔（Ita）的山谷，里面有一条像梅尔罗斯（Melrose）的退德（Tweed）河一样大的河流，它注入索克楚（Sok Chu）河。由于出发较晚，我们还没前行到 15 英里并到达露营地，太阳就已落山。

12 月 3 日，108 营地，前进 9 英里，海拔 13400 英尺。——走了一段很轻松的路程，到了帕纯（Pachung）寺，环寺院周围聚拢着一些小矮屋。这些小屋都是用石头建成的，屋顶平整，是一种实在的类型。从这个地方延伸出了两条路，一条向北，另一条向南。走哪条路更好些，证据是最矛盾的。来自塔克孙东贡（Tsuk Sun Dong Gong）的人认为向北的那条路更好一些，并发誓坚持自己的观点；而当地人则是坦然地发誓北方路线是行不通的，而向南才是最好的选择。我选择相信当地人，基于两点考虑，一方面是很有可能存在这种情况：僧侣已经告诉来自塔克孙东贡（Tsuk SunDong Gong）的人，让他尽可能诱导我们远离拉萨的领地；另一方面，双方都认可了一点：野牦牛和西藏野驴都在北方路线上，事实上那里海拔高，极其寒冷。

12月4日，104号营地，7英里，海拔13825英尺。——先前承诺晚上到的牦牛，直到第二天上午还没有送来。但那时我们正吃早餐，头人来了，他不停地曲意逢迎，奉上通常用以问候的哈达，外加一块茶叶和一方布料。他是一位比同阶层的大多数人都更温文尔雅的老人，入座之后，还在祈祷我们路上不会遇到什么艰难困苦。对此我回答他，虽然在昌（Chang）时非常不愉快，但现在我们到了一个人民友好的地方，那些麻烦也就淡忘了。我们谈了很多有利可图的与启迪心智的共同话题，最后谈到正事儿，他说允诺的牦牛已经派人去找，很可能随时就到。他还好心地承诺要预送一个命令，替我们把当晚下一停歇点的一切事情安排妥当。然而，牦牛直到下午一点才被送到，随之我们继续沿同一座山谷行进。该山谷住户密集，老百姓有些住房子，有些住帐篷。

12月5日，105号营地，行进了25英里，宿营地海拔14060英尺。——尽管是一段长路，却不令人厌烦，因为我们走得很舒服。晨曦中，给牦牛装上辎重。伴着第一缕曙光，我们出发了。随后，我们吃早饭，然后收拾炊具。骑上矮种马我们很快赶上了前面的驮队并超过了他们，到了一个可以遮挡阳光的沟壑，我们停下来喝茶，躺平在地上，互相递烟抽着，而驮队也赶上来，并超了过去。在他们远远领先之后，我们也骑上马跟在他们后面，并在到达营地时赶上了他们。

我们为自己搭起了两顶帐篷，还收集了许多燃料，当地居民鞠躬致意并不断伸舌头欢迎我们。这时，他们中的首领上前献上哈达。显然，这是伊塔（Ita）的潘桑（pansang）信守诺言地给这里送了一封信，指示要让我们尊享优待。

走出那个不只把陌生人当可能敌人，而是当确认敌人看待的地区之后，这无疑是一个令人愉快的变化。这些人急于知道他们怎样才能

塔克桑丹岗

帮上忙，忙乱在周围，有的帮忙卸载驮畜，有的帮忙搭建帐篷，有的帮忙点火。气氛变得温暖起来，这给旅行带来了很大的便利。夜间的气温并未降至0℃以下，有些微风。看起来，我们所担心的最糟的情况过去了。但可怜的矮马还在痛苦中，两个已死在了路上。这个地方的地貌完全变了，那种让高原旅行者单调乏味的低矮圆山不见了，代之而来的是峭谷和雪峰。

我们下午4点左右回到帐篷里，因为当地人说周围有熊出没，索罗尔德博士（Dr. Thorold）出去找熊。但他没找到熊，却幸运地发现了一个有6只绍克楚（Shoa-u-chu）牡鹿的鹿群。他杀了一只，打伤了一只。因此我们决定停歇一天，以寻找那只受伤的，并希望会发现更多的牡鹿。索罗尔德博士在雪中追踪了整整一天，不过最后还是成功追到了那只受伤的牡鹿。我同样也是在覆盖着灌木和一英尺厚积雪的山丘上跋涉了整整一天，却没看到一只牡鹿的踪迹，所以我设想，它们应是相当稀有的。

12月7日，106号营地，行进9英里，海拔13325英尺。——好容易才看到树。在我们沿山谷下行时，发现另一边长满了枞属云杉

（Junvperusexcelsa），其中许多还是大尺寸的。整个队伍都欢腾了，因为自从 6 月离开印度河谷，我们还没有看到哪怕一棵树，现在看来好像我们的困境结束了。山谷里有淡水，山坡上也有积雪无法覆盖的燃料，因此没什么可担心的了。

我们也看到了许多新的鸟类。乌鸦消失了，代之以同样恶棍般的喜鹊在跳来跳去①，而河鸟和知更鸟则非常多。

帐篷已为我们搭好，是藏民的普通样式，用一种极其多孔的粗糙黑色麻为材料做成。由于材料是罕见的破烂，甚至有些破洞大到可容一个男人钻过，所以，要不是它本身代表的荣耀和尊敬，我们就跟待在露天一样了。我睡的这个帐篷还有一丛荆豆灌木从那个最大窟窿里戳进来，——这可是藏民用以挡风的可怜屏障啊。

由于我们到得比较早，索罗尔德博士和我带着几个藏民，出去寻找牡鹿，可结果一无所获。

12 月 8 日，107 号营地，理查多（Richando），前进 25 英里，海拔 13225 英尺。——在我们离开之前，潘桑（pansang）来了，他向我们索要信件，声称自己已经给了我们一切所需的帮助。我照办了，他又坚持要我加盖了印章。然后，他开始讲述一个长故事，关于邻居潘桑（pansang）如何比他的官阶高，而这又是如何的不公，问我可否用自己的影响力来帮他把这一不公正给纠正过来？我解释说，我不是这个区域的序列内的当权者，不起作用。可他坚持那样认为，当我到了中国内地，我只要说一句话，所有事情就会矫正过来。他的另一个

---

① 不知作者为何对喜鹊如此地厌恶，他在原文中的表述是 "and in their place the equal-ly ruffianly magpies were hopping about"（代之以同样恶棍般的喜鹊在跳来跳去）。用 "ruffianly"（残暴的，恶棍般的）来修饰 "喜鹊"，足见作者对喜鹊也如同（见 "equally" 这个用词）乌鸦一样厌恶，觉得它们是 "残暴的；凶恶的；恶棍般的"。可实际上，属于鸟纲雀形目鸦科的乌鸦，常见的为北美洲的短嘴鸦和欧亚的小嘴乌鸦。而西欧和东亚的食腐鸦仅仅是小嘴乌鸦之两个亚种（有人认为是独立的种）中的一种，只占乌鸦家族的不到四分之一的比例。而中国人所熟知的喜鹊，尽管也属于鸟纲雀形目鸦科鹊属的一种。但它与乌鸦从外观和习性有很大差异：喜鹊体形很大，羽毛大部为黑色，肩腹部为白色。喜鹊多生活在人类聚居地区，喜食谷物、昆虫。我们一般也从未见到有食腐的喜鹊。

不满是，德瓦·庄（DevaZhung）的人持续渗入并攫取属于中国内地管辖并划分给他的领地，如今两个山谷早已被强占。这问题即使是向拉萨的驻藏大臣（Amban at Lhasa）上诉也没用，因为驻藏大臣完全在藏民的掌握中，他既无法也不会做任何事。在亚洲的偏僻角落，为何能把欧洲人当作一种神秘力量来攀附，这是一项有吸引力的研究课题，这也能解释他们的冒险为何经常能够成功。此地有条路，由此向南走两个行程远，就可经过一个叫作嘎让（Gya Rang）的地方，那里据说有中国内地的商铺，而这条路在此也汇入昌都（Chiamdo）大路。据说这会比我们选的最短路径要轻松得多。

12 月 9 日，108 号营地，帕塔·萨姆多（Pata Samdo），21 英里，海拔 13325 英尺。——瑞产多（Richando）人说，这次行程有两条道，但都很困难。的确是有两条道，但没人在攀登西部喜马拉雅山口时，还有顾虑其困难的那一刻。位于墨楚河畔的帕塔·萨姆多（pata samdo），那里有几所房子，房子外面，是用拧成绳索的干草所点缀的脚手架，而干草则是大地被积雪覆盖时的牲畜饲料。与我们之前离开的伊塔（Ita）河谷的人相比，这里的人很冷酷。在傲慢与好奇方面，他们早与其中国内地的同胞一样糟糕了。年长的人很显然在隐藏自己，而年轻人则显现出一种混杂着虚假友善与打诨逗乐的状态，而那只是一种纯粹的傲慢。大多数东方人的显著特征是，尊严感的完全缺乏。随着地区文明化，旅行也便利起来，可乞丐却逐个帐篷烦扰我们。

出于某些神秘的原因，他们似乎决定对我们隐藏所有能在此地得到的任何运动信息①。一个人正告诉驮队人员这周围有许多熊；而另一个人则过来叮嘱他："别告诉他们任何关于熊的事情。"最初的发言

---

① 作者的原文是"For some mysterious reason they seemed determined to hide from us all information about the sport to be got in the country"。很明显，在本书中他不止一次地将"猎杀动物"当作"game"或"sport"。开始时，译者还以为仅仅是作者在措辞中的一种灵活表现，后来才发现，这是一种把"猎杀并食用罕见动物"当作"游戏"或者"运动项目"来进行的行为。既然作者在当时就已经能够确定自己整整一天都没能找到踪迹的动物确是"罕见"的稀有物种，却还要猎杀，进而把当地人的保护行为当作敌意或傲慢。从中可以看出当时隐藏了身份的英军上尉汉密尔顿·鲍威尔先生的"欧洲中心主义"思想是赤裸裸的。

者随之以最厚颜无耻的方式否认了所有他曾说的话①，并立即发誓在这个地方没有熊，并且后续调查也遭遇了不变的否定性回敬。然而，为了能让小马休息一下，我们决定暂歇一天，并且用这一天时间找些游戏②。

宣布完在任何情况下我们都要停下来的休息目的，以使得那些当地人没有任何撒谎动机后，在驱动我们前进的希望中，第一件要做的事情，就是打听，冒充若能为我们指出狩猎信息，将给以实质性奖酬的希望。我们理所当然地认为奖酬的主意是有必要的，正如一些人自告奋勇并且承诺向我们指引牡鹿，而且我们清楚地向他们解释，我们不想也不会朝麝开火。他们说他们理解，愿向我们指引牡鹿。索罗尔德博士和几个男人向山谷下走去；而我则开始沿山谷上行，经过一些分散的小村子时，一些大狗冲过来狂吠猛咬；我上学时的教育课程中对投石击打艺术的轻视，带来了很大遗憾③。凭借经验知道石头并没有用，我用一根强力的棍棒武装自己。我这样做是很幸运的，因为在走近下一个村子时一群狗冲了出来，领头的是一只跟狼完全一样的猛犬。与其他狗不同的是，它有固执的决心来掌控自己，径直朝我扑了过来。但是，当它纵身跃起时，我那切穿它鼻子的抡棍一击，一下子削减了它的嚣张气焰。当我们找寻前路时，只听其狂吠声回荡在山谷中。

当我们到达一个主山谷的入口时，我们的向导找到了一个小的侧山谷，谷里有小矮屋，很明显，那里没有牡鹿。我告诉他们此山谷不可能有牡鹿；他们却说，"当然不可能，但有相当数量的麝。"对于这种人，你该怎么办？在离开营地前，我就已经仔细地向他们解释过，

---

① 作者原文的表述是 "The original speaker then in the most barefaced manner denied all he had said"，请注意其中的核心词汇 "the most barefaced"（最厚颜无耻）。

② 作者在原文中说：in order to give the ponies a rest, and spend it looking for game. 上文用的是 "sport"，此处用的是 "game"。遭到当地人的冷遇，并未能阻止他们前去"找乐子"的步伐。

③ 作者的意思是，自己在学校学习时没能学会投石打狗以御敌，因而此时显得很狼狈，所以觉得有些遗憾。

我并不想也不会向麝开火，而他们也忠实地允诺带我去牡鹿生活的地方，而现在他们却否认整个事情。我返回到营地，去向另一个人交互讯问。大多数人说，牡鹿只在夏季出现，而在一年里的此时，附近任何地方都不会有其身影。但有个人说他知道一个距此并不远的山谷里可能会有一些。决心不留遗憾死角，我带上两个人一起出发了。到了这个山谷，我们跟随着他在无痕雪地里穿行，尽可能地走了很远，但除了一只麝之外，什么都没见到。我拒绝向麝开枪。就在植被的尽头，我们坐下来，点火烧水喝茶。然后，我们追溯来时足迹返回营地，进营地时，天刚黑，我们一路连牡鹿蹄印都没有见到。它们一定在某处，但当本地人要么不能，要么不愿给你任何帮助时，要找到那地方在哪儿，这需要花时间。而时间，是所有其他方面我们最消耗不起的。而且，在这些山脉中间，12 月中旬到得很迟。

藏族舞蹈

12 月 11 日，109 号营地；行进 21 英里，海拔 14100 英尺。——这条路曲折向大山深处如迷宫，然后越过两座山口，不过，两个山口都不太难登上。路上我们遇到了一大群去拉萨的朝圣者。他们所有的男人、女人和孩子们都步行着，背负财物，看样子很沉。他们中的许多人带着上写经文的旗帜，每个男人的手上有一只矛枪。

我们同情那些可怜如小螨虫样的孩子，好奇于他们是如何完成此前这漫长而艰辛的人生旅程的。但信仰的确是一个很伟大的因素，在他们朝觐的路上，我们愿其信仰能移除山岳。我希望他们能够知道真相：这一路上，他们的死亡率会很高。

12 月 12 日，110 号营地，行进 13 英里，海拔 12063 英尺——萨瑞·萨姆度（Sari Samdu）。——两个其他的山口，但向前面的山口一样，很容易就翻过了，然后进入萨楚（sa chu）山谷，谷内有一条很大的溪流，夏天时，水流肯定无法通行。溪流边有一座桥的遗迹，但已年久失修。两天来沿着河流向上走的过程中，我们听说有那么一些人，他们既不效忠于中国内地，也不效忠于拉萨方面，除他们之外，也就是昌（Chang）可以如此。萨瑞·萨姆度（Sari Samdu）的村庄坐落于三条峡谷的交会处。山坡被成片的农田与村庄所覆盖，很多处在非常高的地方。而一般农田最高海拔似乎是 13500 英尺。

周围有一些奶牛和牦牛杂交品种的犏牛，还有大量普通的牛。我们设法搞一些切碎的草喂给小马，这是一件重大事情，因为营养不足能要了它们的命。事实再一次向我证明藏民是不讲礼貌的。我答应给一个好价钱，要他们先卖给我一些，但在交易中却受到了无理的对待。然后我用一种专横语调要求他们马上供应，结果他们的整个语调发生变化，并迅速地提供了。在藏区唯一能够获得东西的方式，就是靠欺凌，早上，出发前的最后一件事情就是给付慷慨的报酬。他们一收到货款就会立刻开始认为你很软弱并因此变得无礼，所以给予他们报酬必须得推迟到最后一刻。但也不能认为我们就从来没领略到藏族礼貌，——正如我曾提到过的，有些地方的老百姓还是非常好的，而且极其周到细心。但是越向东走，藏民似乎受到中国内地人性格中最糟糕特质的感染，那些分散在各处的村民的习性尤为糟糕。

一个重大的不幸发生在我们身上了：一个帐篷被风刮倒，一支温度计被打破了。只剩一支温度计了。于是我决定为安全起见，我把它锁起来，只用于天文和沸点的观测。

12 月 13 日，111 号营地，行进 10 英里。——在三座山谷交会的萨瑞·萨姆度（Sari Samdu）的最东头，有一条卷着冰块流下来的大水流。看到这样一条大水流在向西流淌，这很令人好奇，但在低于萨瑞·萨姆度（Sari Samdu）的某个地方，它肯定会转向东南方向。

这是我们所见到的第一条完全靠徒手完成修筑的道路。迄今为止，那几条大路和小径上，很少见到地面上仅有人或者动物留下的脚印，而这里却有一个大量人力消耗的鲜明痕迹。小山的折弯处已被挖开豁口，两边有用石头墙隔开的田地。随处可见鬃毛和一堆堆上有神圣铭文的石头堆，以便让来自两个方向的人依照自己的信仰选择一边通过这里，并把相应的标志物留下。萨瑞·萨姆度（Sari Samdu）人属于珀母部（Pembu）宗派，总是把东西留在他们的左手边；因此与沿其右手边离开的拉达克斯（Ladakhis）不同，后者留一样东西在右边。他们也向相反的方向转动他们的转经筒。藏族很好地应对了珀母部（Pembu）和品达（Pindah）这两个对立宗派间的诸种分歧。

随着我们前进，遇到的树木状况也在改善，我们营地对面，有一片在拉达克（Ladakhi）地区被称作桐杏（Tongsing）而在亨达斯坦（Hindustani）叫作黑（Hi）的树，实际上那就是一种冷杉。

一队专业的舞者为我们表演节目。第一幕与在赫米斯（Hemis）时看到的假面舞蹈非常相似，只是没戴面具而已。他们先是敲着鼓，吟唱着哀伤的挽歌，以缓慢的节律随意走步，随后，节奏加快，他们以真正舞僧的风格一圈圈不停地旋转着，直到他们不得不停下来喘口气。接着，他们表演了同一角色的多种舞蹈，其中一个舞者双手握剑，表演翻跟头。在第三幕中，他们中一人用一把五弦琴弹奏了一首极少见的曲子。在他们得到奖赏并离开后，另一个由两个男人和一个小男孩组成的剧团坐在帐篷前，非常庄严地揭起罩子，打开并查看一个像雨伞样的物件，那是由明亮的珠子和几块骨头装饰起来的。剧情缓缓转变，这时，一阵极其哀伤的声调——这种曲调我叫不上名字——由伴唱发了出来。演员被匆匆酬谢并被打发离开。奖赏被有意固定在一个似乎要打击人积极性的低数额上，但它也许已经算是太高了。他们刚一下去，一个又老又丑的妇女就登台了，她展示了与前一个类似的物件，以一种我生平听到的最不合调的声音，吟唱了一首令人毛骨悚然的悲歌。她也被急切地打发走了。伺其歌声停下，我们感到一种解脱，如同天井突见光亮一样。

第十章　被向导遗弃

　　拉萨方面提供的陪我们去往塔陈鲁（Ta Chen Lu）的那四位夸耀忠诚的藏民，当我们离开萨瑞·萨姆度（Sari Samdu）后，就带着11匹矮种马和一些不重要的东西，设法逃走。他们背叛而备逃的行为在一段时间里未被发觉，所以他们成功地得到了一个好的开端。事发后，我派了四个驮队客追赶他们。但由于他们有那么多的矮种马，他们能够骑着四匹再驱赶着其余的，一当某匹马被骑得筋疲力尽时，他们就会丢弃它而换骑另一匹。因此，他们比追赶者有优势。我们的人日夜追赶他们，然而并没有追上。在放弃追捕行动前，我们的人以大酬劳诱导了一些藏民继续去追，随之前者筋疲力尽地返回营地。他们捡到了八匹被遗弃的矮马，把它们留在藏民家里喂养，以期尽快获得充分休养而能再次上路。

　　追赶者持续追进并终于赶上了背弃者，迫使他们交出所有的财产——不只是我们的三匹矮马，还有他们原有的四匹马——然后他们逃进了山里，仅剩身上的衣服、自己的火绳枪和剑。这些误入歧途的人，我们曾承诺到塔陈鲁（Ta Chen Lu）后会付一笔可观的费用给他们，并对路上他们损失的任一矮马，给予赔偿金。现在他们失去所有的东西，没有食物、钱、帐篷和马，只能被留在山里游荡。尽管他们偷窃驮畜是明显犯罪，而且显现出他们深思熟虑地失信不忠，但我还是情不自禁地对其被留置困境而感到抱歉，希望他们能通过卖掉其火绳枪和剑，使他们充分认识罪责并使他们能回到家①。

我相信，他们中有两人并未做过几次楚克帕（Chukpa）偷抢这一行当，比起职业人员还算很外行。而且二人中有一人被抓住了，在被迫吐出其劫掠品的一半后，获释了。这对于他来说，是一个并不充分的惩罚，也不足以形成一个强力的威慑。

12月15日，112号营地，8英里，12825英尺——塔石岭（Tashi Ling）。——前一晚，一只骡子和两匹矮马被偷了。大家试图得出是它们自己走失的结论，但它们的缰绳明显是被人用刀割断的。矮马被偷还没多大损失，但骡子的丢失是严重的问题，它是我们驮队最好的驮畜。

商定这次运输结果花的时间很长，所以在我们出发前就已经很迟了，但沿山谷上行经过人居区，又是一段短行程，所以也不要紧。

扎营在塔石岭（Tashi Ling）的村子里，靠近一座建于柱石上的寺院。

这儿的人非常刁蛮，以一种固定的中国内地方式来围攻我们，还表现出一种顽固的傲慢无礼。索罗尔德博士让他们后退，其中有个人居然拔出剑来似乎要刺出。手无寸铁的索罗尔德迅疾出拳，击中了他。短短几秒间，看似一场自发的战斗就要爆发。石头和坚硬的土块被投掷进我们营地，这时，躺在旁边的刮雪铲，也立即被那些没有更好武器的人抓在手里。随之，出现了一个对峙性的暂停，双方站在那相互对视。我们犹豫要不要使用后膛枪，因为知道这会伤及一群人而

---

① 作者的原文是：and hoped that by selling their swords and matchlocks they would realise sufficient to enable them to reach their homes. 这段话，明显比较勉强。这四位藏民一路陪伴他们并竭尽所能帮助他们，似乎从未有不合他们要求的。如今已经到了前行环境变好的时候，却误入歧途。如此虐待这四人，恐怕不仅仅是一个"feeling sorry"（感到抱歉）所能够遮盖过去的。而且，这段话的勉强在于："by selling their swords and matchlocks"（靠变卖火绳枪和剑），就真的"would realise sufficient"（可以充分认识错误或罪责？）就算通过这样做，他们充分认识到自己的错误和罪责了，如此，就真的可以enable them to reach their homes？（能使他们回到家？）真能如此吗？作者显然在自欺欺人。一杆火绳枪和一把剑才值多少钱，而他们的家又有多遥远，汉密尔顿·鲍威尔先生不会不知道。不说回家，当下吃饭活命都难。他们的命，还不如被自己丢弃的那八匹矮马有保障。

造成恶劣后果，并且他们显然没有冲击我们营地的意图。结果，争斗和平结束，这对双方都是幸运的。村里的头人当时在场，尽管他的意图是好的，但他显然并没多大影响力。

村里的头人，也是该地区的头人，派人送来一条哈达和一铁容器昌酒①，以此向他未能亲自前来的行为表达歉意，说因为他喝得太醉了，第二天早上他会来。好像还有另一个头人，他派出使者来索要一份证明，以说明我们已在此地区受到优待。对此我回复说，我相信会在他掌管的地域有两天多的行程，根据我们所受到的待遇，会在边界处给他一个证明。据说这儿的贡巴（gomba）或寺院是在德瓦·庄（DevaZhung）掌管下的，但这儿的老百姓则是在中国内地的管控下的，那只不过是名义上的统治，而实际上他们被认为是想要独立。

12 月 16 日，113 号营地；27 英里，海拔 12672 英尺。——早上收起帐篷，我们坐在行李上久久等待说好要送来的运输队，此时一群老百姓盯着我们看。他们带了很多麝香豆要卖，其中很多明显是掺假的。最终驮畜们到了，我们出发了。我们很高兴离开这个很难避免跟人争吵的地方。这条路非常难走，得翻过一个山口又下到一个山谷。又由于我们抵达目的地之前走了很长一段蠢路，因此是一段非常辛劳的行程。

在接近像堡垒一样坐落于山上的亭秦（Tinchin）村时，我们被一群手持松枝火把的人挡住，他们带我们穿过村庄到一方开阔的地面，让我们在那扎营。这群乌合之众很恼怒地围着我们，即使当我们搭起帐篷并进入里面时，他们依然跟着。然而他们是和善的，若非如此，那他们就会进而顺手牵羊拿东西，并设法偷走几个衣服包裹，所以我们不应过多介意他们。

人群中，我们第一次发现有两个汉族人，而且村子里竟然有猪，——在汉族人生活的地方，就会有猪。

这个村子最显著的特征就是儿童的数量明显很多。西部藏区儿童

---

① 作者在原文中脚注为 "A sort of beer much drunk in Tibet"（一种在藏区常喝的啤酒）。

数量缺乏，显然是普遍的一妻多夫制导致的结果，但这些地区该制度行不通，从而导致这里像印度村庄一样，儿童特别多。

12 月 17 日，114 号营地，4 英里，海拔 12762 英尺。——一段荒唐的小行程，都没有一个洒脱的午后散步的距离长。这是非常恼人的，因为我们想尽快穿过这个地区的中腰，尽快离开这个被这些极其难相处的百姓所占据的地方。要想让行进途中有些许坦然，唯一的办法就是：天亮前离开营地出发，天黑后再入营地歇息。一大早起床，你就被暴露在一群特别惹人烦的刁民面前，只要是白天，他们就一直在①。对他们提友善是没用的，因为他们唯一的反应只是嘲笑和辱骂。而且，他们自信人多势众便勇往直前，却对我们的火枪威力一无所知，他们如果一旦被辱骂，可能会立即扑向我们的武器。他们的领头人看起来对他们也是无能为力。

12 月 18 日，115 号营地，13 英里，海拔 12825 英尺。——在离开以前，我设法用四匹筋疲力尽的矮种马换两匹状态好的马。对双方来说这是一次很好的交易——对我来说，这四匹马不可能再走更远了，而对于交易的藏民来说，经过几个月的休息和充足的食物，四匹马至少物有所值，他们得到的是四匹矮种马。

在塔石岭（Tashi Ling），有大量的麝香拿来卖，刚开始，他们一颗麝香豆要价 20 卢比，但最终跌到每三颗麝香豆只要 7 卢比。

装载好驮畜后，我们在一片吵着要小费的喧闹声中起程了。那些人什么事儿都不干，只是缠绕人，居然还要小费。我们前进了一两英里就在河边休息，然后，通过一座木桥过河，改向东面前进。到达巴鲁（Baru）后，发现在一个非常峻峭的孤山的山顶上，有一个最别致的寺院。在那里，我们更换了驮畜再走了 5 英里。当我们走近一个村庄时，我们停了下来，一群人出现了，他们开始诱导我们去别的地方。为了使争论更有优势，他们都随身带上了枪，但所有事情都和平

---

① 作者原文是：getting in early，one is exposed to annoyances from a particularly disagreeable mob as long as daylight lasts. 尽管作者此前用了"友善"（they were goodnatured）这个词来表述这些人的本质是好的，但是，他一直没忘了用"mob"这个词来表述对这群人的称谓，并不厌其烦地表达自己对他们的反感之情。

解决了，我们被允许继续前进。

　　整个行进中，我们见过无数壮美的风景，在宽阔的山谷中，寺院和村庄散布各处，其中一些坐落在高高的山上，显然，任何没翅膀的动物，都无法到达它们的栖息之所。山谷两边的活动区域都扩展到了相当高的海拔之上，并且在它们身后，有极其辉煌的雪山之巅全景做幕布。只是这儿的人是卑鄙的，无论我们到哪儿，都会被团团围住，由于每个人都是小偷，所以，当装卸驮畜时，我们无法防止东西被偷。我们所能做的就是时刻看管好装钱、书、工具的箱子。

　　12月19日，116号营地，12英里，海拔12425英尺。——这些地区的习俗，是一定规模大小的村落得向下一个村落提供运输。预计可能得陷入小段行程的挪动。但这一次，当我们到达这个变化多端的地方时，驮畜已经为我们备好。当地人听说我们是一个强大的武装团体，他们只希望我们尽快通过此地，担心我们照东部风格那样把他们列为出资进贡对象。要是他们知道我们一共只有五杆枪，可能他们不会如此迅速地给我们提供运输。更不用说我们没想过不但不帮助他们，还再向他们施加痛苦。

　　晚上大约11点钟，一个驮队人员叫醒并告诉我说，有个藏族村民报告说在附近的一个峡谷里，有七个武装分子，显然是监视着营地，企图在大家都睡着的时候发动攻击。我派了几个人去搜寻峡谷，他们回来报告说，看到有三十个人就在附近卧倒隐蔽，都带着武器。

　　我们要做的第一件事就是检查枪支弹药是否都随手可得。我们的装备包括两把加倍500发快速步枪，两把马提尼·亨利（Martini-Henry）骑兵卡宾枪、一把霰弹枪。如果未被突袭，用这些武器制伏30个藏民绰绰有余。但从战略上看，我们营帐的位置很差——过于开放，袭击者从任何方向来，都很隐蔽。我们旁边有一个用墙围住的围栏，不过也是有缺点的位置，因为它被附近居民房顶俯视——若村民与袭击者联合，这无疑是一件坏事。但从他们能给我们报信的角度来看，看起来他们没想对抗我们。但即便我们没什么理由相信这些村民是可靠的，这围栏也是我们唯一能够使马匹和人员得以隐蔽的地方。即使它非常破旧，它也是这村子提供的最好地方，所以我们把所有东西都搬了进去，安排几个哨兵守岗之后，都沉沉入睡了。

12月20日，117号营地——马鲁（Maru）；15英里，海拔12250英尺。——可能是楚克帕人（Chukpas）土匪或是其他什么人物一直跟踪我们，显然是没能找到突袭机会才不敢贸然攻击我们的驻地，因此我们并没被打扰。

早上，来搬运东西的，是几头半饥半饱状态的牛，再就是一群当搬运工的男人、女人和小孩。他们之间为行李重量分配而吵嘴打架长达一两个小时。他们的问题最终得以解决，这种争吵的结果通常都是：强壮的男人拎起轻的扭头先走，剩下重物由老弱妇孺来扛。那一天真是太漫长了，直到天黑我们还未宿营，因为他们在每户人家门口停下来交谈，而且再让他们继续前进总是很艰难。行程结束前，我们跨过了一座桥，进入德瓦·庄（Deva Zhung）管辖的一个地区。人们的态度一下就很明显的不同了，同样的人，在清朝中央政府管辖下与在拉萨地方政府管辖下差异太大。拉萨地方政府可能并不是一个强大的政府，但和清朝中央政府相比，似乎效果就是不同。小偷是个不适用法规的例外，但这里的百姓肯定能被当权者以命令管控和约束。很多这样的事情大概源于这样一个事实：高等级藏民的素质大大优于满清官僚——智力相当，性格力量更胜一筹。他们比天朝那些趋炎附势的文官要更阳刚、更有男人气魄。

12月21日，118号营地；19英里，海拔14326英尺。——我们起程穿过田野沿一个逐渐上行的路，到达纳木拉山口（NamLa Pass），然后缓缓下行到一个有几方耕田的峡谷。之后，逐渐上行，天黑前，我们驻扎到一个远高于灌木海拔的地方，这里寒冷刺骨。

12月22日，119号营地，12英里，海拔13800英尺。——翻过一个北面有大量积雪的山口，总体还算轻松。驻扎在离汉族牧民帐篷很近的地方。一位从马鲁（Maru）一直跟着我们前来的官员宣布：他意在亲眼看我们安全到达他的地区边界，这段路是7个停歇远的距离，现在这儿就是边界了，他将就此停步。尽管两者都同样随意撒谎，但德瓦·庄（Deva Zhung）辖下的藏民不如内地政府辖下的藏民之其中一点是，真实。但这并不是政府的错。我们自己在印度的百姓的真实，一直都受到世人的敬佩，但我从未听说我们的法院为促进百姓的真实而做过任何事情。

12月23日，120号营地，12英里，海拔13025英尺。——由于我们听说前面路上可能会有牡鹿，索罗尔德博士（Dr. Thorold）和我抢在驮队前面出发，以期能看到几头。

萨嘎（西藏褐马鸡）

当我们从峡谷下行时，整个峡谷区域变得满是猎物。山坡较低的地方，被刺柏棕竹覆盖，稍高的山坡上则是雪地里的灌木丛，这正是找寻牡鹿的地方。然而我们不够幸运，没看到一只牡鹿，尽管有非常多的麝，和在藏区被称作"萨嘎"（"shagga"）（西藏褐马鸡）（Cros-soptilon tibetanum）的白野鸡。后者是一种高大俊美的鸟类，但很难猎杀到。唯一能猎获他们的机会，便是用小子弹射穿它们的脑袋。我非常小心地潜近一群这样的鸟，再靠近一些，只是很随意地打飞了其中一些鸟儿的羽毛，它们飞走了，没受任何伤。

我继续跟上他们设法猎获一只，然而好几次都没击中而飞走了。浪费子弹令我很烦躁，尤其是在我唯有找准最佳位置才开枪——撞球射击——的情况下。它们都在桧树丛里觅食，我找到的桧树果实饱含果浆。白野鸡的鸣叫是呼呼声，偶尔夹杂着短促的咯咯声。他们大多都是 30 只左右聚拢成群。我们也多次在低一些的靠近民宅的田地里发现它们。我拎着鸟从山上下来时，遇到了许多男人，他们拿着枪来阻止猎杀。他们说若有任何动物被射杀，住在山谷里的所有人都会生病。他们都是极度迷信的人，其迷信行为易于变得危险。

路上，我们队伍里一个拉达克人（Ladakhi）在和一个向导就当地婚姻风俗的话题有一番长谈。此地新郎通常只用五只绵羊作娶妻的聘礼，而在此地西边，其基准要高很多。

12 月 24 日，121 号营地，17 英里，海拔 12265 英尺。大约在过了瑞奇（Riuchi）后两英里。——我们一起程，就翻越一座陡峭直立的山口，然后，下行到一个美丽的树木茂盛的山谷，峡谷里有许多野雉跑来跑去。从山口看去，瑞奇（Riuchi）镇显然都是寺院；一个巨大的宝塔样的建筑物是最醒目的。环它而建的，是僧侣们的住处。看起来很结实的建筑上，涂着明亮的红色、白色和黑色相间的条纹。在通往村镇的路上，我们发现了一片可怜的泥巴小屋。我们走近时，一个自称是官方的人迎接了我们。他说，下一步接待已为我们安排好了。我们信了他的话，便继续向前了。相信他而一直往前走，但是，走了几英里，过了村镇，我们开始明白，这是他的计谋，想要阻止我们停歇在寺院附近，因此，我下令就此扎营。然而，刚接我们的那人已带着驮队长前行一段距离了，到了一个村庄时，那人突然消失了，当那人出现时，他威胁驮队长说，他们绝不允许他在此地盘上再迈一步。眼看人家决心已定，驮队长只好返回到我们扎营的地方。后来，另一个头人来到我们营地。我斥责他给我们的糟糕待遇，告诉他，我们仅仅是一群和平的旅行者，未曾想伤害谁。但同时，我注意不让自己的语气太温和，因为我知道，温和语气常会有恶劣影响。他离开时向我们承诺，我们所有的愿望都会实现的。

然而到第二天早上，他所承诺的牦牛却没来。所以，我们只得停歇——我们并不觉遗憾，因为当天是圣诞节。总而言之，这是值得庆贺的节日，因为我们能待在一个温暖的、阳光充裕的低海拔山谷里，还有充足的食物：三只鹧鸪、两只野鸡还有一些鹿肉。简直就是一顿丰盛的大餐。此外，我们找到了两盎司糖，加上一个头人所给的一些我见过最差的葡萄干，我们做出了一份味道非常棒的葡萄干布丁。虽然储备酒没有食物丰盛，但是索罗尔德博士还有一瓶古柯酒，我们把它喝干了。

12月26日，122号营地，25英里，海拔12500英尺。——能穿行这个最美丽的地域，这就是我的缘分。这条路穿过约高于河流一两百英尺的一片森林，那里有开阔的草地和四处丛生的大树。河流的每一个转弯处都展现了一幅让人叹为观止的美丽景色。克什米尔（Kashmir）没有像藏区这么美的景色。

猎物很多，但这里所有与瑞奇（Riuchi）寺院有关联的地方都禁猎。

路上，我们路过一个冶铁的地方。这里的森林提供了大量的燃料，让冶铁成为可能。尽管藏区有丰富的矿产资源可以利用，但由于燃料缺乏，无疑什么都造不出来。

地面褐马鸡

12月27日，123号营地，16英里，海拔12325英尺——莫木达（Memda）。——这儿有个藏族官员。他是这地方真正的头人，我认为在中国内地统率一支约有六人的军事小分队的汉人，才与该头人的官阶相同，大约相当于海军陆战队的中士。他带着一只羊，一些蔬菜和两壶酒作为礼物来拜访我们，送酒是常见的中国内地式拜访礼节。他很聪明，早已听说并且了解很多关于加尔各答（Calcutta）和大达岭（Darjiling）的事情。虽然他的军衔并不高，——但维持一个中国人的尊严还是必要的——虽然我没有亲自回访他，但在他离开后，我派了几个人给他送去一枚金币作为回礼。他收礼时很高兴，好像他认为这枚金币值他所送礼物的 5 倍。

第十一章　在昌都附近

12 月 28 日，124 号营地，15 英里，海拔 12400 英尺。——出发之前，一位来自昌都①（Chiamdo）的使者来到这儿，强横地告知我们去走南边路线。我告诉他我们走的是直接路线，没有别的。他不想再争辩，尽管他握着我们的马鞭，因为他可以通过拒绝提供任何运输而很轻易地强迫我们走任何他喜欢的路线；事实上，我们已经得到了运输工具，而且也正笔直地往昌都走。这个地区依旧是和前几天的风景一样美丽。明亮的天空，清新的空气，怡人的风景，想让这里变成一个绝对完美的旅行地域，唯一的缺憾就是这里有点儿多疑的百姓。

中途我们停下来，驮畜替换，趁这个空当儿喝茶。当到达分段运输地点时，我们被安排在一个汉族人家里。他家房子中间的方形庭院里拴着马，格子窗户上糊着纸，显得很私密。因为这是六个多月以来我们第一次住在有屋顶的地方，我们非常感激并乐享。但褥子很不干净，出于多疑的本性②，我们觉得最好还是把它揭掉，直接睡在木板上。

房屋主人给我们提供了一些羊肉和酒；羊肉，很明显是存放了很

---

① 昌都，此处作者原文拼写是 Chiamdo，但是一般英文拼作 Qamdo，实际就是中国西藏自治区东部军事重镇昌都，旧称察木多。

② 作者的原文是 "and being of a suspicious nature"（出于多疑的本性），对于自己的表述也许是无意的，但作者毕竟在把 "suspicious" 这个词多次用给藏族同胞之后，第一次给自己这批人用这个词，而且还用来修饰 "nature"（本质，本性），还算是有点儿认知上的 "本真"。

长时间，并不是很好，但是风干得非常彻底。

有人通知我们说，昌都（Chiamdo）的办事大臣（Amban）正派了一个人来接见我们，这只不过是用礼貌的方式通知他正派一个人来阻止我们。那儿的一两个汉族人非常有礼貌，用最友好的方式对我们说中英是兄弟国家，但藏民不在兄弟之列，他们很粗鲁，并且会想尽一切办法来欺骗我们，不过，当然，所有的汉族人都会尽他们所能来帮助我们。汉族人偶尔在偏僻的地方是非常有礼貌的①。

12月29日，125号营地，31英里，海拔11125英尺。——一起程，就是翻越纳木错拉山口（Namcho La pass），即使是对牦牛来说，这也是一个陡峭直立的要道，有匹矮种马就死在了山顶上。

下行途中，我们到了类似海关式的房子，那儿有几个汉族人，其中有个人请我们进去并给了我们一盘切好的肉。这个房子看上去很有家庭般的宁静，杯子整齐地排列在挂在墙壁的架子上，一些擦得锃亮的铜勺也挂在那儿。还有一张桌子和几个其他的物件。屋主人的藏族妻子年轻貌美，一直忙前忙后、照顾孩子，她似乎孩子很多。她最引人注目的一点是：她已脱离自己的地域习俗并细致地洗脸洁面。她给了我们四个鸡蛋，这已属款待，因为这是我们好久以来第一次看到鸡蛋。

在拉木都（Lamdo）村的附近，有为表达对我们的歉意而搭建好

---

① 这段话，作者的原文是：The one or two Chinamen in the place were exceedingly civil, saying, in the most friendly way, that the Chinese and English were brothers, but that the Tibetans, whowere only savages, were quite outside the brotherhood, and would endeavour in every way to deceiveus, though, of course, all the Chinese in the country would do what they could to help us. The Chineseoccasionally in out-of-the-way places are very civil. 幸亏在那里看到的对其表示"友好"的汉族人只有一两个，即便如此，作者也并未对汉族同胞语言中"示好"的话语表示感激和认同，他也只是在上段话的末尾表示说这种"有礼貌"似乎仅仅存在于荒僻之地，而且也仅仅是"偶尔"情况下。也就是说，多疑的作者并未被藏族同胞的真诚或者汉族人的"示好"所感动，而真正地觉得汉族人好，或者藏族人好。他的内心里，他自己是多疑的，而且这个多疑也是有必要的。最为重要的是，他是在窥测汉藏两民族各自的民族性格特征，尤其是汉藏关系，试图从中找出对自己的分裂和破坏企图有利的方面。

的帐篷，并给我们的马匹准备了切碎的麦草①。我们一进入营地，村长作为他们的发言人就来了，赠送了一些黄油，拜倒在地、请求我们别征用太重，因为他们实在太穷，贫瘠的土地几乎难以维持生计。我欣然答应他们的请求，他们离开时轻松了许多，不停地致谢。但他们的离开所带给我的轻松并不多，因为整件事情太滑稽，以至于我唯一的困难就是得绷住别笑。我们小队伍的唯一希望就是尽可能和平安静地通过这个村庄，并把它作为一种奉献，这个想法太可笑了。他们走后，昌都（Chiamdo）来的一个人，要求我们从这个村镇北边的路线走，但我拒绝了。然后，他让我们暂住几天，以便他与上司进行沟通，但我也没同意。他给我讲了很多关于当地的品达斯（Pindahs）和坡巴斯（Pembus）的故事，说如果我们继续前进，此二者都会责备对方把我们带进来，争执肯定会随之而来。

12 月 30 日，126 号营地，在昌都（Chiamdo）外。——在我们上午动身之前，那位官员来到我们的帐篷，极力劝诱我们停下，哪怕几小时也行，因为当天有几位昌都（Chiamdo）来的高级别喇嘛将要过来。但我拒绝停下来，因为我们到达昌都的唯一机会就是努力前进，因此我们装载行李，在几位藏民的陪同下出发了，藏民马背上铃铛发出的"丁零丁零"声音贯穿一路。路上，我们停在一个小村庄，在一个汉族人的家里喝茶。跟随我们的两个汉族士兵被换成另外两人。歇下来的那两个士兵，迫不及待地拿出鸦片烟斗，躺倒在靠背长椅上，享受鸦片带来的芳香麻醉。

我们喝完茶之后，就重新上马开始行进。快到昌都（Chiamdo）时，教派高僧会见了我们，很显然他的等级很高。穿着有金线刺绣的红衣袍，头上有一顶黄帽子。离我们很近的时候，他下马了，呈上一条哈达表示欢迎，说办事大臣（Amban）派他来，希望我们在附近的房子里停歇一会儿。我同意了，他急速沿原路返回。我们继续悠闲地

---

① 作者的原文是 "and some chopped straw for our horses"（并给我们的马匹准备了切碎的麦草）。按理说，这个地方不太容易有"稻草"，但作者所用之词的确是"straw"，尽管喂养马匹需要稻草或者麦草，但此地离产稻谷的地方实在太远。所以，应该是指的"麦草"，这是英语词汇缺项的特征，故译作"麦草"。

前行，在到达一个桥边的类似用竹板建成的房子前下马，我们被领进屋里，拥围我们身边的是一群喇嘛。

我们等了几分钟，对这种延误越来越不耐烦，这时办事大臣（Amban）来了。他是一个极其女孩子气的青年，外表、举止和声音，乃至其一切都十分阴柔：他走动时装腔作势的步态，他以一种最不寻常但无疑是上流社会的举止，来保持自己的手的姿态，这使我惊讶。当我们全体落座，他问我们从哪儿来向哪里去。告诉他后，他突然起身出去，留下我们和既顽固又难相处的喇嘛在一起。他们是一伙极其能干而机智聪明的人，两个头目尤其有能吸引众目的脸庞。教育和规则的约束，无疑赋予了这些人超越同民族常人的与生俱来的天赋。他们立刻进入正题，说不管发生什么，他们不允许我们通过昌都（Chiamdo）去中国内地，但如果我们能经由此路向北走，他们将派 M. 伯瓦尔特（M. Bonvalot）及其同伴跟随我们并给我们每一样援助。我告诉他们，我决定一直向前走，不会为了任何人而改道向北。至于昌都（Chiamdo），它碰巧不幸就在半路，由于我并不想见到它，要是他们乐意的话，我将保证不走进任何一家寺院。但我们要去中国内地，这是条直路，我就走此路，不走别的。他们根本就不同意，还开始威胁说："有胆你就向前走，我们有三千人举着枪，他们很快就能拦下你们。"我说："好吧，如果你们想打仗，那就来吧；但我们还是会直直向前。"声音越抬越高，双方都怒气冲天，似乎战斗一触即发。这时，办事大臣（Amban）走了进来，场面重新平静下来。他让喇嘛们先离开房间，保证说能与我们解决问题。办事大臣很好对付，并倾向于答应一切，但他非常畏惧喇嘛们。显而易见，他的权威只是徒有虚名。他拟订的方案是，我们不进入昌都（Chiamdo）城区，只绕城外走，到远端再汇入这条路。

办事大臣走后没多久，就派人过来说想在四下无人的时候跟我们密谈，天黑之后会过来。我回话说，我们高兴见他，随时欢迎他在方便的时候过来。大概晚上 9 点，办事大臣到来，在我们请他入座并端茶给他后，对话开始。他采取极其机密的语调，说他愿意力所能及地为我们做任何事，说英国和中国就像是兄弟，两国政府间有着伟大的友谊。但是喇嘛们兴风作浪，他自己实际毫无权力，否则他会带我们进入昌都（Chiamdo），并展示自己权力下的盛情了。他相信我们能明白他的处境，并能够谅解他出于友情的鲜明意愿。我告诉他，很明显他得和什么样的人周旋，我们也都非常理解他的处境。

12 月 31 日，127 号营地。——天亮没多久，我们就收到了办事大臣的消息，说他备好并等我们一同起程。我们匆匆吃完简单的早餐，急忙冲下院子，却不见办事大臣（Amban）的影子，这时有人从其住处出来，告诉我们稍等一下。无疑这个大人物很想让我们在他的门阶上等半个小时左右，向他取悦讨好，并借机警示这些旁观者。但这已经不是我第一次和汉族人打交道了，也不是第一次尝到这些如出一辙的伎俩，所以我派人送信说我们要继续前进，他愿意的话可以跟上来。

这条公路跨过大桥直直穿过市镇，所以我们抄一条沿河道右岸下行的河岸走，小路顺着山势或隐或现在山肩之上。我们走了几英里后，办事大臣（Amban）带着喇嘛的一位衣着光鲜的参谋和几个汉民追上我们。原来他路上摔下马来，但不太严重。

我们离市镇很近，仅隔一河之遥。人们聚集在自家的平房屋顶上注视着我们。我们边走边朝人群扫视，他们好像都是喇嘛和汉族人。

该市镇坐落于两条河流的汇合点旁的冲击平地上。东边的那条河流大一些。在两个架壁的高处，有两座非常精美的寺院，屋顶满是镀金；寺院房屋是白色涂料粉刷、屋顶平坦，那地方总体呈类马耳他人（Maltese-like）居区外观。我有意做了个粗略估算，从他们告诉我其僧人有 3000 人数来估计，该市镇总人口为 1.2 万左右。就在市镇下游，河上有座桥，但我们再沿河下行更远一些后，就越过河的冰面，看到一条旁支的山谷。走了几英里后，我们来到一个村庄，这儿是我们被安排停歇的地方。下马后，我们被带进房间，有茶水、牛奶和一些刚做好的、味道很好的无酵饼，长途跋涉后的我们十分感激这些款待。在我们的物品被上齐之前，住在旁边的办事大臣带着一位小官员前来拜访我们；谈论了一些很平常的话题，包括不断重述，声明中英两国是兄弟，会一直互帮下去之类的话。离开前，他表示还有一些非常独特的话要和我们说，且会随后再来拜访。由于他一直抱怨从马上摔下来使他受到轻微的震荡，我劝他无须亲自劳累，我们会在晚间到他的住处拜访。他则表示这将是他极大的荣幸。

在这些地方的汉族人中间有一件令人好奇的事情，他们所穿衣服上，订的是旧式英国军服纽扣。从其上面的数字可以看出，其中大多数属于印度斯坦（Hindustani）和旁遮普邦（Punjab）兵团，而这个兵团的名字早已从军队列表中撤除了。在一个男人的外套上我看到三个按钮，分别铭刻着 16th P. I.、5th P. I. 和 12th P. I.（旁遮普邦步兵团）。

晚间，我们应邀前去拜访该办事大臣（Amban），进去后，我们被安排坐在直背高椅上，上了茶。他询问我们的意愿，是停歇还是明早继续出发。我告诉他，由于矮种马的缘故，我们要在这里停歇几天，对此他同意了，并说这两天他会按我们计划所需为我们提供一切。不一会儿，一些喇嘛进来了，恳求他劝诱我们立刻离开。他于是要求我们立刻离开，喇嘛们退下，留下他和我们处理事情。我告诉他我们可以折中他们的要求，只在这里停留一天，这是我们的初衷。他认为这样很公平，并表示，他会告知喇嘛这件事就这样解决了。在这之后我们回到自己的住处睡下了。正当我打盹儿快睡着的时候，办事大臣出现在我的房间，一群喇嘛紧跟他身后。他说就算我们只停留一天他们也不同意，我们得在破晓时分就起身离开。我告诉他们，既然已经安排我们停歇一天，我们现在不想改变了。随之，他们变得粗野起来，其中一个尤其好斗的教派高僧冲到前面、挥舞着拳头说："我告诉你，我们有 3000 多持枪的人，他们早上就会到这来，如果到时你们还没离开，你们就等着瞧吧。"我回答道："我们有 13 支英国枪支（事实上我们只有 5 支，但这是虚张声势的把戏），如果那 3000 人到这儿来，他们肯定会吃不了兜着走。"同时，我掏出手枪，我们站在门口的驮队客也掏出一把。虽然我知道这个驮队客是个十足的懦夫，但在那个场合，他顺势假装镇定，大喊："如果要打，我们最好马上开始。"

办事大臣（Amban）变得特别激动，他正竭力去扮演和事佬的角色，因为双方只是虚张声势，想摆平此事其实并不难。最终同意我们停留，搅扰我休息的人，离开了。

这些地区汉族人的立场看起来很奇怪。办事大臣的地位到底是什么，这很难说得清。他被尊敬的程度远超我们所料，但他所受到这种尊崇又能对我们有利。而他又想继续维持喇嘛们在各方面都要服从于他这个大国代表的姿态，就不得不扭曲意图、绕圈兜弯来迎合喇嘛们的意愿。

昌都（Chiamdo）的汉族人有一个很好的观望台，大量民众云集于此，展演了众人凝目我们骑马走过的壮阔场景。无疑，世界各地的汉族人有一个奇特的天赋，那就是他能把任何地方的民众挤走并自己扎根在此。同样的事情也发生在中国新疆、中国西藏和美国加利福尼亚，且很可能会发生在澳大利亚没有立法介入的地方①。他们勤劳节俭的习惯不断地被从天朝大国来的移民潮所强化，他们在一个地区的立足点稳步增长，直到有一天，被激怒的土著在发现本地人的利益被一个他们所反感和鄙视（对汉族人向所有人广泛抛撒橄榄枝的反感）的种族所垄断，而且，尽管程度很轻，但通过厌恶他们的不道德习惯和琐碎的盗窃，这个地区的形象日益上升和明朗化。这段时间内，他们的地盘是自由的。随后，一旦他们的财产一点点地被榨取，整个故事就得重述。中国在很多地区的历史就是这样的。如果没有他们发动的大屠杀，他们会在旷野上吃掉一个他们一刻也不想忍受的人——参见蒙古族历史，这一最后章节如今又在此重演。

1892 年 1 月 1 日，第 128 宿营地；海拔 11836 英尺。——新年元

---

① 作者的原文是：There is no doubt that the Chinese in all parts of the world have a wonderful gift for ousting the natives from whatever country they get a footing in. The same thing has happenedin Chinese Turkistan, Tibet, and California, and would most probably have happened in Australia hadnot legislation stepped in. 显然作者把汉族人高估了，其实是他自己的一种夸张化理解。居然还冒出美国的加利福尼亚当地居民也被汉族人挤走的谬论，甚至还危言耸听到澳大利亚的某些地方也会如他所想象的那样。不要说当时，就是作者说完这话一百多年之后的今天，事实清楚明了。汉族人可以进入并使人员增加，但当地人并未被挤走。更为重要的是，上述表述中，因对中国历史的无知而在地名表述中也有错误。

且。尽管远离家乡和朋友，但对我们来说还是重要的日子。喇嘛带大量的东西来卖，包括糖、烟草、茶叶、葡萄干、面粉、蜂蜜，以及一些神秘的中国水果干。

办事大臣带着喇嘛按序列走过来，正如他所说，来解决任何或可能出现的关于该支付物品的价格分歧。但无须他的介入，因为除了糖的价格外，其余物品的价格明显适中，在这样一个荒僻的地方，不可能期望得到便宜的糖。这对我们来说是一个期盼得到的机会，因为我们已经很久没有和陌生人交换过任何奢侈品了。我们特别需要面粉，因为糌粑作为主食已经吃了太久的时间，大家实在吃厌了。

他们离开后，办事大臣派送消息来，问我是否愿意卖给如他受赠的同式样的金币。我回答说非常遗憾我不能强迫他，由于我的金币所剩不多，只希望给那些能进一步帮我的人。他丝毫没有气馁，但派了另一个男人拿了 15 卢比来换一枚金币。由于一枚金币值 24 卢比，我不想贱卖，于是就如实告诉了信使。之后，他不再恳求，我也再没听到什么。一位陪我们走了好几个地方的可怜的乞丐和尚，说是要在天黑后来住处，告诉我们是否被指引到正确路上了。他信守诺言，来了后，他说指给我们的这条路是去往巴塘（Bathang）最好的路。我听到这些很高兴，因为我觉得，那些喇嘛们肯定会告诉我们出于他们所愿的最适合的路，根本不会在意路途指向哪里，或者道路状况怎么样的问题。我给我们这位信息报告者赠予了剩下的唯一一头驴做礼物。可怜的驮畜，它几乎已经走断了腿，却给我们提供了皇家般的服务，它被带走，我就像与一位老朋友分开。正如其他各类的驴一样，这头驴的特征鲜明，天黑时它以漫步进入营地的方式，把自己的位置挪到了我们的帐篷跟前。这是吸取了其同类（这头驴晚上走离我们帐篷一段距离，结果被狼叼走）的可悲命运之教训。这充分证明，这驴子是最聪明的动物之一，它在这方面的反应，比马更有优势。

在我们的房子顶上，有一种类似于敞开庭院的地方，周围是用于存储碎麦草的凉棚，——这是一种很常见的藏式房屋结构。我想到一个好计划，利用这个地方来观察纬度，因为这地方恰好可以从外人的视野中屏蔽，并且我知道，一看到经纬仪和牛眼灯，那肯定会激起民众迷信的恐惧。然而，肯定有人在观察，因为当我正全神贯注地观测时，有人朝我扔石头和土块。我立即派一个人过去，责问那个领头的喇嘛这是什么意思，我正为纪念新年而祈祷，却被人打扰。回答说，他很遗憾我被搅扰，如果能够抓住肇事者，他会立即当着我的面鞭打他。不只通过我们的一个人送来消息，这位喇嘛头人随后又派他自己的人再次传话过来，此外，他还为了阻止别人再扰恼我，竟把所有的居民整夜都锁起来，——我没有想到他会采取这种极端的措施。

1 月 2 日，第 129 营地；33 英里，12900 英尺，潘德萨（Pande-sar）。——黎明，看到一个藏族妇女在我们住处的外面，点起一个炉子样儿的装置放到屋顶上，我们很感兴趣看着她。首先，她点着很旺的一炉火，然后放进去一些树枝，冒出了大量的烟，然后，她从炉子的顶部又倒进去了很多谷物和少量的水。我们被告知，这是一种奉献给祖先灵魂的祭祀方式①。

我们刚吃完早餐，喇嘛们前来道别。我们请他们坐在房间里周围的箱子上，开始了一个极其礼貌又漫无目的的谈话。忽然，他们都站起身，以汉族样式行礼，说寺院的头人送上他的问候，并希望为他们所提供的援助回馈报酬。我们根本没有得到什么援助，作为宗教团体，他们倒是尽其所能地阻挠我们。那位曾以 3000 名枪手来威胁我们的好斗的先生，此时看起来对索要小费感到不自在，我一开始并不愿意给什么，但想了想，我得出的结论是，给点儿东西将可与他们结好。在藏区，没有和尚的帮助，一事无成，所以我把一些银子和一枚金币交给了和尚主管。当然，他们肯定已经算清楚了所提供给我们马匹碎麦草的价值，这些人应收到所供应之报酬；但我十分清楚，不管给了他们多少钱，那些东西被强征的不幸农民的口袋里不会放进去一个苏②的。我经常发现，当方便时，谁真正供应了什么，就应当单独

① 作者不懂，其实这也就是藏族的"煨桑"，是一种烟祭方式。其中放进炉子里的所谓的树枝也不是随便什么树枝都可以的，其中以柏树枝最好，既有香气又有烟升达天空，最为理想。
② 昔日法国一种铜币，面额很小。此处指价值极低或无价值之物。

给他们报酬，正如我在这个场合中所做的那样①。

至于说运输，藏区的风俗是住在通往内地的路边的人们有义务为旅客提供马车，送他们去往下一个有马匹提供的地点。我想他们可以免税地得到些补偿。也许如此，但我经常给那些牵马来的人一点儿钱。我在打发他们时的慷慨，总令他们非常惊讶，引来他们不停地鞠躬和无尽的感激。我很乐意给他们东西，乐意看他们拿到东西时的高兴。

在我们的宗教朋友们收到他们的钱后，我们上马出发。路径是沿山谷上行去翻越一座相当峻峭挺拔的山口，整个上行之路上看到有庞大数量的猎物——麝、鹧鸪和野鸡。后者对我们来说算是一种新物种，它类似松鸡，但头上有一簇毛并且尾巴有些白色。我本应该打上两只的，但整个山谷都是和尚的管辖范围，他们强烈反对打猎，同时为了跟他们保持友好，我只好罢手。

西藏血雉

翻过山口之后，我们下行到一个村庄，在那儿我们喝茶，换歇马

---

① 作者所说的与实际不符，他一方面说自己十分清楚自己所给的报酬是怎么也不会到那些真正给他们提供麦草的穷农民手里的；另一方面又说，他这次所给报酬是单独地给了真正提供帮助的人。的确是有些前言不搭后语。若作者内心里是认为这些接受所给报酬的人，就是那些直接提供物品供应者的代理人，则话也讲得通。

匹。令人费解的是，在山这边的地区树木奇缺，尽管山两边的土壤和大致山脉地貌非常相同，但山那边的树木却显得格外繁盛。当然，每个来过喜马拉雅山（Himalayas）的人都知道山的北面总是枝繁叶茂，而南面却是光秃秃的。但这次，我们的路线在东边，沿一条山谷上，然后再沿另一条山谷下。我们要的东西直到天黑才来，但索罗尔德博士（Dr. Thorold）和我率先进了一间屋子，屋里有热茶，铁盆里燃着炉火，这火烧的是小细枝，它生出令人愉悦的火焰并且是无烟的，无烟对于乡村来说最大的优点就在于主人一般都不会安装烟囱，甚至房顶也没有排烟的洞，但这种小树枝燃烧得太快以至于有个人得负责不停地添火。

第十二章　昌都到嘎索克

1892年1月3日，130号营地，28英里，海拔12400英尺，塔·巴岗（Tyat Bagang）。——另一个有着非常漫长的上坡的山口，看起来似乎我们永远都到不了顶峰。虽然只有海拔15025英尺高，我们却花了四个小时才爬上来。路上我们看到了两只异常温驯的岩羊，就像这里所有的动物一样。下坡走起来很轻松，靠近山脚时，我们稍作停顿，升起火并煮了热茶喝。当我们喝茶时，我们的行李队伍来了，我很悲伤地听到，那头从列城（Leh）出发就一路跟随我们，能自豪地翻越无数山峰的健壮骡子，已精疲力竭并被丢弃了。

当我们接近塔·巴岗（Tyat Bagang）时，四个负责护送我们进入的汉族人迎接了我们，这条路上的每一段，都有一小组汉族人驻扎，其中的两个人总是护送任何重要的旅行者到下一驿站去，那里有人替换他们。我们发现他们很有礼貌并且愿意提供有关路况和其他方面的可靠信息，并且毫无疑问，他们知道他们将得到很好的回报。当我们又累又饿地到达他们的站点时，他们总是及时地提供热茶和一些美食，这点非常令人欣喜。我相信他们都是军人，但我从他们身上找不到任何与使用武器的职业相关的信息。

有时很难分辨谁归中国内地管，谁归拉萨地方管，早上我们离开的地方我们确信是在拉萨德瓦·庄（Deva Zhung）的辖下，但我们几人对这个地方归谁管仍有分歧。我想，真相就是，那些背负着违法和盗窃的人，会选适合其特定时间场合的一方来作为管辖方来报告，同时他们也有意逃避两边的征税，而两方面的官方在此地的势力都很小，无力管控他们，因此对地理学者来说，很难确定塔特（Tyat）的好人们属于谁管。

典型西藏城镇（塔特·查木地）

1月4日，131号营地，宿营哇母卡（Wamkha），13英里，海拔12225英尺。——沿着山谷下行，是一段轻松的路程。山谷里有大量的耕地和许多村庄。山脊被大量的长长的条带上的小旗帜装扮，我以为那一定是为纪念某个节日，但被告知其实不是，那些旗帜一直在那里。

快接近村子时，交通线上的汉族人都出来招待我们去歇脚的屋子，那是一栋可怜的破败房子。我们进屋不久，村子的头人来了，手捧哈达和一些补给品，头人身后是一个喇嘛，也带着一条哈达，另外，他带的不是有用的补给品，而是脏兮兮的狐狸皮。我们给了他们俩很多酬谢，结果是，附近的所有村民都来了，把他们各种各样的东西拿给了我们，而那些东西我们都用不上，我不能再接受了，脏兮兮的狐狸皮多到超出任何人的合理推想。他们纠缠不休地竭力诱导我们接受那些东西，以便拿到我将给的酬谢。

1月5日，132号营地。——给我提供交通工具的藏民送驮畜来时已经很迟，结果是我们当天只走了计划路程的一半。我们和往常一样翻越了山口。这次行程最糟糕的是，尽管每天实际走过的路程都很长，但是地理上的水平距离却极短，因为总是沿"之"字形的路径爬上山口的这边山坡，再沿"之"字形的路径从那边山坡下去。

在这个驿站，一些当地人展现出了我们在整个这个地区的民众身上都普遍发现的"才能"，主要是把我们的某些东西藏匿后，再费很大劲儿找到，并以此来请赏，我们就抓到了一个藏我鞭子的男人，尽管他们较少开化，但藏民们的这种精心培养的才学与汉族人很相似。

1月6日，133号营地，6英里，海拔13025英尺，嘎木迪（Gamdi）。——我们昨天就应该到这里了。这是有一所汉族休养所的大村庄，有多种的汉族官员，但他们的地位很反常，据他说当地盗窃猖獗，既不听命内地，也不效忠拉萨，他们唯一可以做的工作就是盯着交通线。

房子的建筑样式在这个地区非常普遍，三层楼房呈环方形结构，中间是天井，第一层是马厩和牛棚，第二层就是沿着墙一圈存储麦草和其他东西的棚子。再往上就是卧房，当然，由于环外边的一圈都没开窗，所以从各个角度看，外面纯粹是一圈环形墙面。相似或接近类似的房屋样式在中国除西藏外的很多地方都可以见到，这是因为这些地方非常惧怕强盗——房屋的建筑样式往往是一个公正的指南，它反映这个地区的社会状况①。

　　1月7日，134号营地，29英里，海拔12125英尺，塔·查木地（Tyat Chamdi）。——翻过嘎木·拉（Gam La）山口，我们下行到一个村庄，在那儿我们换歇驮畜，但是收拢驮畜又花了些时间，接着继续我们的行程，但是此前的耽搁，使我们直到天黑之后才到塔·查木地（Tyat Chamdi）的大村子，一到那里，给我们了一间很差劲的小茅屋，说那是卧房。但是，由于我们很晚才到这里，我们预想，不可能第二天一早就来新备的驮畜，则第二天必得停歇一天了，我们问是否还有更好的空闲住处了。于是他们带我们去隔壁那个门，里面尽是汉族人。看起来是个舒适地方，但正当我们开始卸载驮畜时，我们发现这并不是个公家歇脚的寓所，而是一个私人住宅。因此我派人去找头人和满清官员，问他们我们该去哪儿住。但信使们回来说，那个满清官员已躺下不让打扰，而那个头人喝醉了，拒绝见他们，隔门打着嗝说，他见了我们，再说帮助的话。但是，办事大臣的翻译随后立刻下来说，替我们安排了镇中的四所小房子。结果给我们看的是镇上人口

---

　　① 汉密尔顿·鲍威尔先生的这种看法明显是一种想当然。这种非常适合于居家过日子的建筑结构居然被他想象为"防盗"之用。为何不可以想象为：第一层饲养牛马牲畜，是为了方便，至少因为牛马不便爬楼梯；第二层，储物阁，又通风又阴凉，而且为牲畜晾干草最为适合；第三层，干爽的主人居所，之所以不向外开窗户，那是考虑到"私密性"。所以能清晰地看到，作者以一种先入为主的偏见来看问题，处处便是问题。汉密尔顿先生自以为言之有理，那么先不说其言是否具有实证性，单其表述的前后自相矛盾已非一次两次。前文已有指呈，此处只看"防盗"这一表述的矛盾性：首先，他在本日记前半部分屡次提到劫掠成性的楚克帕人（Chuk-pas）是藏区人人惧怕的土匪，此处又说藏区房屋并非如此，显示出藏区无须防盗防劫掠。其次，若文中此处的"Tibet"指的是拉萨以外的、他所经过的藏区，那么如他前文所述，他也才是出发以来第一次住到有屋顶的房子里；若是说拉萨的治安状况好，可他并未被允许到过拉萨。最后，至于说中国所有的房屋都是如此结构，则说明他目空一切源自坐井观天：其一，他曾到过中国多少地方？其二，即使没有到过，他曾参阅过有关中国广袤大地上的多少种房屋建筑结构或概貌样式的书籍或文献？回答想必是：统统没有。要是有过，他当不会如此轻下断语。

密集地区的一所污秽的鸦片馆，那儿没法安排我们的马匹，于是我回到汉族人的房子并和他们安排好住进来。此时已经很迟了，我们直到午夜才吃上东西。

早上刚有第一丝黎明曙光，一大群人就聚拢过来围观我们，其中有许多低等级的喇嘛，一副悲惨又无赖兮兮的神情，佛教寺院里的高僧似乎垄断了食品、衣物和智慧。因为我们不是住在一个私密房间，而是凑合在一个敞开的楼上走廊里，正好让他们极大地满足观赏的好奇心。他们在那儿一起全神贯注地盯着我们每个动作看，一连好几个小时，那些早到并占到好位置的人显然认为自己是幸运的。我们住处有个非常适合观察当地的全景视角，这直接提升了一个小镇的尊严，小镇里还有一座大的寺院，寺院的房屋跟昌都的一样，也是平顶白墙。

大约早上10点时三个头人来了，说他们已备好驮畜，要求我们立即前进。我说我的马匹需要谷物、人员需要糌粑，尽管愿意支付公平的价钱，但买到了才能走。他们回去拿东西，中午过后才回来，还再带了一袋细面和两块晒干的整只羊肉。然后他们一再请求我们马上离开，因为他们说那儿的人很危险，如果我们停留的话，他们怕我们会遇到麻烦。尽管我肯定不愿逗留，但同时我觉得起程时间已太晚，装载驮畜总是很费时间，而所剩时间又很短，那么，我们就只能在半路过夜了。这也就阻止了我们的所有绘图工作，此外，天黑之后再到达某地是件很不愉快的事。更何况具有支配地位的燃料则很难弄到，于是我们得冒饿肚子歇息的风险，所以我拒绝出发，只说如果驮畜备好，我们黎明就出发。当然，他们试图成功劝说我们相信可以在天黑前走得远，若我们即刻出发的话。但我现在已完全放弃对藏民任何话语的相信。由于这个地区的人口变得更加密集，曾经令我们兴奋的好奇心变成了一宗大麻烦。因此我们决定弄些汉族服装，不是作为伪装，因为我认为我们队伍里的任何人都躲不过汉民的眼睛，我们只是为了我们的外表能更少激起别人的好奇。

在东部藏区的佛教里，渗透的印度教成分要比拉达克地区（Ladakh）多，用石头堆积成"玛尼石"①堆上，印度教的神像会经常见到，在一所房子里，我就看见了一尊黄铜格涅沙（Ganesha）佛像。

那儿的人是偷东西的老手。正准备我们的晚餐时，我碰巧发现厨师的眼睛盯着我们的一个装有生姜的包裹看了足足有一分钟，后来我们这包在几个驿站之前买的生姜被偷了。一群人站在周围，大多数是喇嘛，我非常怀疑其中一个僧人。他们极有可能偷盗②。

晚上，我想找个观测的位置，但人群决心守一整夜。那些足够幸运搞到围观位子的人决定坚守阵地以便天一亮就能把我们看个真切，而我不想和他们争吵，于是放弃观测任务了。

1月9日，135号营地，13英里，海拔12625英尺，嘎里·多哈（Garing Doha）。——早上我们一睁开眼，就看到原来那些人在盯着我们看，显然他们一整夜没有合眼。穿衣的动作被他们屏息凝视地关注着，把任何一件衣服脱下去睡觉，是非常新奇的，因为早上又得重新把它穿上，这一定在他们看来是一种愚蠢的精力耗费。我们觉得，早起穿衣，这与我们在寒冷肃杀的昌（Chang）时的早上起床仍是一样的，但是现在天气变得温和，社会习俗也变了。在离开前，我们得找出谁给我们提供过服务，以便来报答他们，但这是相当困难的，因为现场人群里的每个人都前来陈述自己是唯一一个曾经为我们做事或给过我们物品的人。他们中越是穿着体面、远超旁人的，越是大声地索要小费。我给那位带来一些物资的头人比其价格高得多的钱，尽管送赠品让递给他时，我并没事先留意到他当时并不在现场，但是，我不担心该头人会从镇上的某个人手上把该赠品拿走，而且会不差一分地得到我的所赠。那儿仍旧有上百名讨要东西的人在那儿，没法判断谁值得给。这次为所受之物而回馈人家的赠予活动，已无形搅浑了该小镇的整个传统。

装载好物品并且尽力挤过围观民众，我们沿一座山谷上行。山谷

---

① 原文有内容为"参见第8页脚注"的脚注提示，其内容就是在解释"玛尼石堆"，此处略。

② 作者的原文表述是：They are most certainly quite capable of it.

里有个村子，我们可以在此卸载过夜，或者换歇驮畜后继续前进。由于他们告诉我们，若继续前行的话，天黑前到不了下一个驿站，于是我们决定就此停歇。

头人向其中一个驮队客问我们信仰什么宗教，他相当流利地回答："佛教。"头人对此很高兴，因为村里唯一一个建造得舒适的地方就是佛殿，但佛像的感应力很强，如果任何一个并非虔诚佛教的人被允许进入他的殿堂，他会狠狠地惩戒全村人。但由于我们是佛教徒，自然他不会反对我们去那儿。作为佛教徒的这个念头进入我的脑海。上次试图秘密观测的行动明显失败，因为在观测中招来了石块和土块砸落在我身边，所以我现在决定采用新策略。派人请来头人并向其宣布，当晚，我要以适当的佛教仪式表达我的虔诚①。然后，当夜幕降临，我们把所有的用具搬出去，——一个佛铃，一个多吉（dorji），一个经纬仪，一个牛眼灯等其他物品——仪式开始了。驮队客们作为伊斯兰教徒对佛教只是稍有了解而已，他们当场改编，时不时地摇动佛铃并吟唱"唵嘛呢叭哞吽"②。但是我们在塔桑东宫（Tsuk Sun Dong Gong）获得的这个回族穆斯林（Mussulman Chinaman）的表演天赋太高了，他忙着点火，吟诵着可能会是天主教大弥撒（High Mass）

---

① 从本日记中我们看到，作者为了自己的"观测"与"绘图"等秘密任务的完成，曾经欺骗百姓说是"祈祷新年快乐"或"按照一定的佛教仪式来表达虔诚"。纵观国际国内情况，在本书作者汉密尔顿·鲍威尔先生来华的前后，曾有不少的西方侵略者以传教士的身份来华进行情报搜集（主要就是绘制地图，包括标示纬度、地势、交通与山川地貌等），不过这些人很多是不带枪的文职打扮。但是，汉密尔顿·鲍威尔先生则是明目张胆地向阻止其前进的喇嘛"亮枪"，且从未传教（他的名义仅仅是旅行——由藏区到中国内地去），甚至如上文所述的滑稽样子是：摆弄经纬仪和牛眼灯以为绘图而行观测时，则假借"拜佛"以糊弄百姓，防止对其秘密任务的执行过程带来干扰。其行为是窥测，其过程借掩盖，其手段唯狡猾。

② 作者又一次为自己所模仿的佛教的六字真言在脚注中做解释。这句话的发音，很多人都会，但发音都比较含混，似乎只求音似而已。实际上，作为藏传佛教中最尊崇的一句咒语，其准确的汉语音译应该为"唵、嘛、呢、叭、咪、吽"，其具体对应的汉语语音是唵 weng 嘛 ma 呢 ni 叭 bei 咪 mi 吽 hong。其意思从字面上解释，六字真言是"如意宝啊，莲花哟！"这一感叹语句。也有藏医学著作认为六字真言的诗意解释是："好哇！莲花湖的珍宝！"而这本日记的作者汉密尔顿·鲍威尔用英语的解释是"Oh, the flowers in the lotus leaf, oh！"（"哦，莲叶里的鲜花，噢！"）。

的曲子。那个辅助测量员，他是个印度人（Hindoo），他适时地带来牛眼灯，放在经纬仪上，看我固定星座的位置。从而，噶里·多哈（Garing Doha）的地理位置才算确定出来，弥漫在我周围的，是一种神圣的气氛，这种气氛一直持续到我们来到一个人口更稠密、不信仰佛教的汉族人聚居区。

佛教徒的铃铛和法器

一个无助的盲人来到我们这儿接受治疗，当我们告诉他这个病治不好时，他便坚持恳求。这种恳求是藏民最喜欢用的一种计谋。他们来求医治，在已经得到最好的有用治疗后，却还要给他钱才肯离开。我不应配合着把藏区变成一个学院，那里训练学员们挖掘潜能以寻找各种赚钱门路。

1 月 10 日，136 号营地，35 英里，海拔 13325 英尺，阿楚瓦（Achmva）。——在一个翻越两座山口的漫长的行程中看到，这个地区的特色与我们此前好长一段时间里看到的任何地方都大不相同。它有着布满滚石、长满杂草、全无树木的山，其景致与昌（Chang）一样，还能看到羚羊。我们的物品，或者至少是驮在牦牛身上的那些东西，直到晚上 11 点才送到。我们的炊具驮在一匹矮马上，晚上 8 点半左右才拿到，但拿到炊具时已不怎么重要了，因为负责通商（toongshang）或驿站的汉族人给了我们饮食，有很好的鱼，一些羊肉，味道也很不错。还有两碟不知是什么食物，我们尝了一口后，再没试吃第二口。这条路上没有一个通常驿站（toong-shangs）是很富丽堂皇的，但是这一个却破旧到不可思议的程度。

　　1 月 11 日，137 号营地，20 英里，海拔 13425 英尺，阿斯
（Asi）。——起程前，我们被告知需要武装人员护送，因为所有这个
类昌（Changlike）地区形成了一种阿尔塞西区（伦敦一地区）（Alsa-
tia），这儿的藏民家庭窘迫，无法度日，就成群而行，他们叫嚷着蔑
视中国内地和拉萨，并在土匪楚克帕（Chukpa）的交通线上参与繁荣
的贸易交换。据说在阿楚瓦（Achowa）与阿斯（Asi）间的这段行程
路上，就包含着他们特别喜欢行动的据点，在那里他们伏击过路驮
队。所以我们由阿楚瓦（Achowa）的头人坚持提供的 10 个火绳枪手
陪同行进，尽管我觉得根本没这必要。楚克帕人（Chukpas）要是真
的敢在大白天袭击一支子弹上膛的驮队，那他们还真跟我所看待的不
一样了①。

　　从我们所翻越的山口的顶部起，就是呈现为类昌（Chang-like）
式地貌的地区了，可以看到这个地区向北向东延伸到极目所视之远，
而最显著的位置上，有几群羚羊在吃草。

　　路上，一个藏民告诉驮队客，他听说英国人将要接管这个地区，
对此他很开心，而且差不多大家也都会这么想。问他为啥，他说，他
听说英国人很有钱，且从来不用武力解决问题，但对所受之物都付费
很高。我常常听到来自其他亚洲国家的人，也有相同的论断，看来，
爱国主义可能就像传说中的那样，不复存在了。

　　这个地方的很多居民，曾在锡金（Sikkim）抗击过我们，他们至
今对子弹上膛、炮火纷飞的回忆尤为生动。这儿一个脸上有疤的男人
向我讲述了他的战斗经历。他说："我被告知得去和英国人打仗，然
后和许多其他人一起动身去了锡金。当我们到了那儿突然听到一阵排
枪咔嗒咔嗒的声音，许多人倒在地上。我的脸被打伤了，转身逃回家
里，自那一直待在家里。"他为一个战士的逝去而难过得要死，一点
都没有生机活力。

---

　　①　结合作者的原文，应该如此译出才吻合上下文的背景。原文为：Chukpas are very di-
flFerent men from what I take them to be if they would attack by daylight a caravan in which
therewere breech-loaders.

这个地方受德瓦·庄（DevaZhung）管辖，来探望我们的头人告诉我们，除非我们有拉萨发的通行证，否则不允许我们前行。怀疑他为了获得贿赂而主动营造困难，而且我们很清楚他将很乐意将我们驱离这个地区，我告诉他：没有比歇息更适合我们的了；若我们能歇息一个月，我们自己的矮马就足以恢复精力到独立运输而不依赖任何人。但驮畜很快送来了，他们要求我们继续前行。

1月12月，138号营地，拉什瓦（Rashwa）。——一段漫长的跋涉，途中曾较轻松地翻越了三座山口。山口顶部驻扎着人，他们在坚持寻找楚克帕人（Chukpas）。他们日夜不停地守候在那里，据说这些强盗们的大本营距此有15个停歇的行程远，那里有伟大的自然力量。一段时间之前，有来自昌都（Chiamdo）的一千人抗击过这些土匪，但土匪楚克帕人（Chukpas）滚落石头袭击他们，杀死了二百人，使得剩下的被吓跑了。从那时起，他们无人能管。这里的人说，在交通线上的汉族人受到中国内地的支持，中国内地无须给他们别的，除了给付薪酬；而土匪们唯一得免费提供他们的是木头、饲料和运输有级别旅客们的驮畜。

1月13日，第139营地，行程26英里，宿营地海拔13700英尺，夜宿芒通（Mongothong）。——翻越了一座海拔15100英尺高的山口，山上有很多白色野鸡（我们射杀了一对），它们向四面八方乱跑。然后，我们穿过一个无人居住的地区，那里有圆形的山丘指向通商（toongshang）驿站，而驿站独自矗立在一个山谷之中。

可以看到很多的羚羊，也见到了沙乌楚（Shoa-u-chu）牡鹿的痕迹。

1月14日，19英里，海拔12991英尺，芒康（Monkong）或叫嘎康（Garthok）。——当我们行进到了山谷后，这个地区的特征逐渐地发生了变化，树木变得更加繁茂，我们到了芒康（Monkong）农耕区。村外的一群人围拢过来注视着我们，他们跟我们到通商（toongshang）驿站。但是当我们进入，汉族负责人关上门把他们拒之门外。所以我们能相对平静地待在里面。这就是M. 伯瓦尔特（M. Bonvalot）当年来过的那个地方，当年他到达昌都（Chiamdo）北部，然后通过我们东边的路朝南走，再汇入走巴塘（Bathang）的路。这儿是一个相当大的村庄，据说在这个居住区里有 250 个汉族人。去塔陈鲁（Ta Chen Lu）的路此前已探寻好了，我咨询了去东京（Tonquin）① 和缅甸（Burma）的捷径线路，但最终还是选择了去塔陈鲁（Ta Chen Lu）的道路。我来这儿，是因为我听说此地有二百欧洲人，我想见他们。部分原因是，走其他路线，则须有我们自己的驮畜，又因为雇不到这些驮畜，所以，要在这儿自己装备一个驮队会费很长时间，而且，官方也非常渴望我们能尽快离开②。

在经历了很长一段时间在昌（Chang）地区的帐篷生活后，进入汉族休养所我感到非常舒服。但这种生活又有一个很大的缺点，那就是壁炉和烟囱的消耗需求很大，要想换下时时添柴以熊熊燃烧的木柴火，满满一盘木炭也是经不住烧的。

汉族似乎强烈地反对烟囱。新疆的卧房建的跟这是一样的模式，鉴于在冬季旅行，我发现冬天最好住宿，要么在泥巴建造的即便是准备给仆人住的小矮屋，要么是住在其他一些类似新疆人卧房的私人家房子里，若能是建造得很好、外表匀称美观的卧房就更好，但可别像地窖。

这儿的汉族头人曾去过达吉岭（Darjiling），他努力提到达吉岭（Darjiling）的名字以强化我们今后将经过之地区的地理状态。例如他

---

① 东京（Tonquin），是越南北部一地区的旧称。由此及下文内容可以推想，作者也许曾经想到过由此借道东南亚的越南或缅甸返回印度，因为毕竟自己此时已经基本完成穿越了藏区进行勘测的相关任务，转身离开，又不用再走一些本无计划的路，未尝不是一种不走冤枉路的可选之策。

② 原文是 the officials also were very anxious to hurry us on. 这里的"the officials"耐人寻味，可能是指当地的地方官员（包括头人），也可能指作者所隶属的上级部门官员或专线联系的某些官员，等等。由于汉密尔顿·鲍威尔先生没有明确限定区域和族别，所以不好确定。但是根据作者问到由此前往越南北部一地区东京（Tonquin）或是前往缅甸（Burma）的线路，而且还是"捷径"（a direct route to）线路，足见作者不仅不想在此逗留耽搁，也不想在别处延误返回的时间。据此判断，他想尽早返回大本营以复命。故上文的官员（the officials），更有可能是指催逼甚紧而不愿这一行人在自己地盘多作逗留的地方监管者。除了有要嗵是他受命于临行前的英国官员——此次特殊使命的直接上级。

说，翻过塔陈鲁（Ta Chen Lu）山口后，如果我们一直继续向前走，就可以到达上柏（Shangbai），在那儿，我们应该可以找到去达吉岭（Darjiling）的路。东京（Tonquin）和坎通（Canton）也被描述成有路可以到达达吉岭（Darjiling）。

　　他要求看我们的护照，我给他看的时候我非常惊慌。担心他发现目标地是指向新疆而产生麻烦，但他没有。他似乎更多的是对那上面高度认可者的签名印象深刻，他答应把护照的内容送信给驻在巴塘（Bathang）的满清官员。我们在这里停歇了一天，用这一天来给野鸡剥皮，也给全身洗了个澡。在藏区，人们的观点被大幅度地修正，比如，你要尽量与浴缸保持适当的距离。毫无疑问，在极端寒冷的天气里，做重体力活儿的时候，盆浴是个错误，——似乎它能让一个人虚脱。

东部西藏的房子屋顶

第十三章　从芒康到理塘

1 月 16 日，18 英里，海拔 12420 英尺，普拉（Phula）。——沿着一条美丽的山谷轻松下行。一个人在西藏东部看到的越多，他就对西藏的美丽印象更深，尤其是对拉萨地方政府所管辖的那部分地区的美丽印象会更深。那些在中国内地管辖下的地区，通常景致都差一些。路上，有个低级别的官员陪同我们，他喝醉了，并坚持恳求要去如藏民所叫的索里（Sori）这个地方。小费几乎不被看作是打发人，想给他一些小费让他走开，可这是绝对没用的，他像帽贝一样盯着我们不离身旁。藏区人民的一个性格特征是：在大多数国家和地区，只有穷人才乞求小费，但在藏区，那些生活相对富裕者，则是最麻烦的人，他们会再一次胜过所有人而与僧人一起求赏。

当我们来到驿站修养所，这个汉族负责人为我们准备好了饮食，这一点是一如既往而毫无差错的。让人好奇不已的是，那么多种菜肴的调料，居然都是从中国内地远远带来的。他们尤其喜欢吃一种像干海草样明显可以食用的东西。汉族人似乎喜欢随身携带他们国家的奢侈品，正如我们喜欢罐装调味酱、各式腌菜等东西一样。在这条路上，除了铺盖卷，不带任何东西都很容易旅行；帐篷是多余的，炊具也许可以扔掉。

在修养所的墙上，一个也许是印度本地的穆斯林用波斯文字（Persian character）写了他的名字穆施·穆罕默德（Moonshi Mahomed）。

1 月 17 日，26 英里，兰德（Lande）。——翻过三座小山口，一路上都是满山美丽树木。最近处的那两个耀眼的雪峰的山脊间，映衬出了蔚蓝色的天空背景。雪峰南部有个叫萨卡（Sakha）的地方，这是每一个产盐地的统称。藏族人说，有两个欧洲人（Europeans）住在那里，他们说话很友善。后来我们得知，他们是法国天主教（French Catholic）传教士，我的经验有限，也没法跟他们说些什么。我们在驿站修养所碰到一个非常贫穷、旅行疲惫的年轻人，他说要去拉萨（Lhasa）朝圣，他从坎通（Canton）来，已经步行了八个月才到这里。

1月18日，10英里，驻扎在本（Bon）。——此地没有通商（toongshang）或休养所，所以我们住在头人家。他非常有礼貌，还设宴欢迎我们到来。他的妻子是一位慈母般的重要人物，她把菜盘端到房间门口，显然她是洗过脸的，是一个非常体面干净的女子。

1月19日，13.5英里，孔吉卡（Khonjika）。——一段轻松的行程，这段行程的大部分路程都是沿着一个树木繁茂的狭窄山谷下行。路上我们三次换歇驮畜——考虑到行进距离之短暂，所以这段行程有些荒谬可笑。由于我们不久将进入一个低洼而炎热的地区，正如拉达克人（Ladakhis）到比自己家乡那种高寒地区更低海拔的地区时，总是会生病。我建议驮队客，如果他们愿意经由拉萨（Lhasa）返回老家的话，那将会是一个很好的筹划，而且拉萨那里有他们的朋友和亲戚。我提出提前给他们支付了五个月的工资和生活津贴，但他们不在乎，他们说如果这是我的命令，他们就会去，但他们更愿意留在我身边，直到抵达印度。当然，我无意或希望给他们下这个命令。我唯一的想法是，让他们自己决定。但让东方人理解这点，通常是件困难的事，——他们总是喜欢听命令。在这种情况下，当我看到他们宁愿跟我来时，我同意他们这样做。他们回避去拉萨的路线，其原因一部分是担心路上遭土匪楚克帕人（Chukpas）袭击，另一部分是害怕拉萨人会因他们带欧洲人进入了这个地区而惩罚他们。

1月20日。——孔吉拉（Khonji La）山口，我们靠近了，这是简单至极的路径，简直没有尊享"山口"这个名称的任何必要。从山顶下到迪楚（DiChu）河，是沿山谷之坡的下行路。

山顶附近，树木繁茂，可以看到树上有松鼠。我们到达坦噶提

（Tangati）村时，我们换歇了驮畜，林木已经被甩在后边了，我们发现此时已置身于灌木丛覆盖山丘的地区，到处可见一方方的农田。整个地貌有一种春天样的气息，田野中的麦子正在发芽——一个显著的变化，而两天前，我们还显然才处在仲冬。在习惯了曾经的严寒之后，此时实际感觉已非常炎热了。据当地居民说，这里从来不冷，也极少下雪。

迪楚（Di Chu）是个相当大的河流，水面清澈。到处是激流，这是很大的遗憾，否则大型船会通航，而且顺河下行，也是一个非常有趣的旅行。正如我们所见，没有什么东西可以在激流中生存，但可能在一年里的特定时段，也许又会有的。过河靠渡轮。人们说，多年来一直在讨论在河上建一座桥的可行性，但至今仍没有采取任何措施。路上，巴塘（Bathang）的满清官员派来的几个人遇到了我们，让我们觉察到巴塘官员的亲善与友好，这是一份意外的荣耀。

1月21日。——由于出发较晚，我们无法抵达我们希望能到的巴塘（Bathang）。我们经过了一个很无趣的地区，这个地方与我们以往惯看的地区差异很大。自从离开昌都，地貌就是这种光秃、低矮、干瘪的圆形小山，而不再是那种松林覆盖、雪峰背景的峡谷了。

1月22日，海拔8500英尺；巴塘。——继续沿同一山谷上行到巴塘，随之，一座宏大的带有镀金尖塔的寺院映入眼帘。走近一些，发现此地由三部分组成：寺庙及其附属部分；汉民居区；藏民居区，是地处河对岸的一个惨兮兮的矮屋群落，由一座桥与另两个部分连接。① 当我们到时，我们走进了汉民居区，被领进一幢过度矫饰的汉族纯木建筑里，墙上贴着写有中国书法的条状红纸，而门上贴的是龙的象征。一群百姓跟着我们穿过街道并走进我们的住所，但有些汉民拿着通常用来鞭笞罪犯的竹板，把围观者赶出庭院，让我们安享清静。汉族官方并不会总是如此精心地保护或安慰我们这样的旅行者，我们认为其如此而为的唯一原因就是：他们认为我们这个队伍是一个

---

① 原文脚注：这些代表我名字的字符从我的中国名片上重现了——一条薄薄的大红纸约10英寸长，4.5英寸宽。

汉民请柬

相当强大的团体，因此希望与我们保持良好的关系。这是来自东边的第一个地方，在这里可以看到清朝中央政府的任何标志，但即使在这儿，中国人对欧洲人要么是有敌意，要么其权力仅是名义上的。因为法国在这里建立起来多年的传教站，充分证明是在 1887 年被暴动的民众毁坏并劫掠的。满清政府声称要一直友好下去，只遗憾没有能力节制其百姓。从前，欧洲代表是权力中心。总理衙门（Tsungli ya-men），当然承诺赔偿并认可其护照，批准重建传教站。

根据《天津条约》（*Treaty of Tien Tsin*）的规定，传教站的建立有特别资助，但满清政府什么也没有做，尽管塔陈鲁（Ta Chen Lu）的传教士仍在与满清政府沟通，希望回到有他们自己的土地和房屋的地方，可传教站至今仍破旧失修。

起初，我们很难获得生活所需品，似乎没有人乐意卖东西给我们。由于我也想把物资驮运的事儿安排好，于是我派人去衙门，希望能与满清官吏打开交流渠道。不幸的是，他喝醉了，没法提供任何帮助，一个侍从努力唤醒他，而他却转身朝其脸上啐了一口，然后嘟哝着什么。照我信使的描述看，这人多少是一个严厉的、不让步的，甚至目中无人的家伙，他随之又陷入迷醉不醒。然而，藏民干部（gam-boo）随即来到我们的住处，带来生活必需品。不过其价格很贵，一卢比能买约 12 磅的糌粑，或者约 10 磅大米，或者约 8 磅细面。虽说利率实际不算过高，但无疑仍远高于市场一般价格。卢比可自由流通，成为普遍使用的硬币，但没有小面额的印度硬币，所以问题就在于把卢比切一半或四分之一后，却很难复原。

抵达后的第二天早晨，为了散步，我很早就出去了，晚了散步就不大可能了，或者说，至少会极其不愉快，因为这里清一色全是汉民。我朝寺院漫步而去，它与所有的建筑物连接，封闭在高墙之内，呈现出像堡垒一样的外观。从大约几百码的远处观看，我注意到大门是开着的，但当我靠近时，他们迅速地在我面前关上了门。喇嘛非常担心人们看到寺院的内部，因为里面深藏着他们的财富。

1 月 25 日，23 英里，旁勾头莫（Pongotomo）。——一路沿着两侧都是峭壁的险峻山谷上行。峭壁高处覆盖着冷杉和一片像冬青栎的树，树上爬满了苔藓样的植物。

旁勾头莫（Pongotomo）是看起来最破的村庄，坐落在森林里的一小块空地上，村庄中有一些小块耕地。这里的驿站修养所可以与其他村庄的相提并论。这儿的物资缺乏且很贵。

1 月 26 日，17 英里，海拔 13145 英尺，塔束（Tashu）。——翻越了一座多石但并不太难走的山口，山顶上正在下雪。下行途中，在到塔束（Tashu）前，雪就全停了。但我们刚一到屋檐下，又下起了大雪。这个村庄的确非常穷，房屋全是木头建造。

生活所需品非常昂贵，买一只家禽得要 1 卢比，而在巴塘（Bathang），4 安那①买一只家禽是平常价格。我努力尝试想买只羊，可价格达成后，藏民却立即反悔了，他拒绝与自己的羊只分开。与他们打交道极其困难，因为他们不但贪婪而且善变。举个例子，有个人

---

① 译注：安那，印度旧时的货币单位，1 安那等于 1 印度卢比的 1/16。

想以某确定价格买某一样东西，商讨很久之后，商人同意卖了，说好的是 5 卢比，当你认为事情谈妥了，开始给他一一数钱时，商人却立即改口说：定好的价格是 8 卢比。实际情况是，你同意给他 5 卢比的物品，其真正价格也很可能才值 2 卢比，你的高价承诺败坏了他的道德坚守，他开始憧憬无限财富。

此地妇女们把头发垂剪成一种我们从未见过的发型：一簇头发从前额中心直垂鼻尖，且就此剪齐。这就有点儿像一条微型的齐剪马尾，搭在那儿，堪比欧洲时尚。

1 月 27 日，全天行进了 24 英里，夜宿拉西（Rathi）。——穿过拉西拉（Rathi La）上面的高山风景区的一段行程。山口的顶部正好在森林生长线以上。在那儿还看到了一群岩羊。拉西（Rathi）是一个比塔束（Tashu）更贫瘠的村子，是几乎不可能买到任何东西的，在这里弄不到羊只，但我们还是设法为自己弄到了一些羊肉。当然，穆斯林是不会碰的，因为它是被佛教徒宰杀的。至于买干草，我们被齐刷刷地联合抵制着，1 卢比仅能买 9 小捆干草，这样小的干草捆，一匹矮马一顿可以轻松吃掉 20 捆。但要是小山能被鲜草覆盖，我当然更愿放它们上山自己觅食。这里没有通商（toongshang）驿站，但有个游客弃置的破旧小屋，它有一个巨大的优势，也就是房顶有洞，可以让烟，至少是一部分烟从那里冒出去。

1 月 28 日，行 19 英里，到海拔 12793 英尺的纳姆达（Nam-da）。——另一个破败的村庄。此路沿一座山谷下行，这山谷是邻近牧民们喜欢的越冬住所区，他们搭在河谷两边的黑色帐篷随处可见，而山坡上则满是成群的牦牛和绵羊。路上我们买了一只非常好的羊，只花了 1 卢比 8 安那，真是够便宜。我们路过了一座像塔一样的高大的石头建筑，它比本地任何常见建筑都壮观，但这是在无人区，它也就成了废墟。当地人说，这是很久以前统治这个地方的国王为一个他所喜爱的名叫图特杜布（Too Tem Doom Boo）的摔跤手建造的。

在那个极其脏污的修养所里，一个老妇人和她的女儿似乎已经把它当成了永久住所。她们很有礼貌，我们一到那里，她们就持续清扫这个地方，并燃起一堆火来。可她们卖干草的价格，让我认为藏区的干草和卢比的相对价值，是建立在以为银子贬值了的夸大印象之基础上的。

1月29日，日行16英里，夜宿地拉默（Ramo）海拔12630英尺。——在翻越了几座很容易通过的山口后，我们下行到一座山谷里，拉默（Ramo）就在那儿。山谷里有几个村庄和一些耕地。据说此处的百姓非常顽固，他们对待那两位来护卫我们的汉族士兵的方式，也证明了这一点。到第一家，他们要求在这儿住一晚，一位老汉朝其中一人的脸上就是一拳，叫他们走开；到第二家，他们再次尝试，他们俩被人啐着离开。之后，他们决定到一个五英里以外的地方，他们有个老乡住在那里。然而，对我们来说，这两人很有礼貌，让我们在找住处的事情上，省了不少力气。

1月30日，日间行程21英里，夜宿早穆达（Zomda）。——长时间走在一个没有树木且到处都是花岗岩石头的地区。我们曾希望能够翻过了加拉拉（GaraLa Pass）山口，但直到下午4点半，我们才到达山脚下的一个小矮屋，那里住着一位老妇人和一位年轻人，此地一副不待见人的样子——空中雪片纷飞，一阵冷风呼啸，铅色的灰暗天空——这不是个适合逗留的地方。但是天色已晚，我们翻不过山口，因此，唯一能做的，就是停歇在此过夜。

1月31日，日行29英里，夜宿理塘（Lithang）。——考虑到我们在翻越眼前的山口后，还有很长的路要走，我们早早起身，借着烛光穿衣，拂晓第一缕光线中我们就出发了。翻过山口后，我们下行到了一个驿站休养处。我们在那里停歇喝茶，随之继续前行。过后不久，理塘（Lithang）市镇便出现在眼前，它坐落在一连串山丘的脚下，镇子前面是一个广阔开放的山谷，从不远处遥望它，所见的几乎全是寺院，那里面肯定有数量庞大的僧人。

当我们到达理塘镇时，其中一位护送我们的汉族士兵脱岗擅离了。我很熟知汉族的护送规定，因此，我觉得，这会成多米诺骨牌效应。另一个汉族护送兵在偷偷观察着他，想寻找一个仿效其同伴的机会，所以我把他盯住了，因为我们需要一个向导。那个打前站的翻译回来报告说：他没找到通商（toongshang）驿站，人们拒绝指路，由此可以肯定的是，我们将不会受到热烈欢迎。到达大门口时，汉族士兵被派到前面带路，我们也成一列纵队跟进门。在一个狭窄的地方，他突然溜下马背，躲到我身后，我才发现身前是一些怒气冲冲的藏民，他们手里拿着大石头，在我们周围以一种恐吓的姿态跳着舞。我尽自己所能，在身后驮队客的帮助下，解释给他们说：我们只想找到那个休养所，我们只是些和平的旅行者。我们试图求助于一些过街的喇嘛，但他们只是很快走过去了。那些拿石头的人从我们的安抚语气中聚集起了勇气，变得越来越凶悍，前进到数步之内的距离。

考虑到事态正在变得更严重，我拿出我的卡宾枪，装上弹药盒，如此实现了一个效果：那些威胁我们的人，跑离了小巷。那些在大门口逗留以注视这个场景的汉族人，跑回院子，关紧大门，把我们留在街巷上。然而，我们的情况并未好转，因为我们是在一个死胡同里，无一人可以指引我们。那个一直帮助指引我们的汉族士兵，在事态变得棘手时溜下马背，弃马于街，不知藏到哪家去了。所以，我们站在这个显然已弃置了我们的城市中，召开了一次战争会议，得出的结论就是：因为我们身处死胡同，最好的办法就是撤退①。我们后撤了大约 200 码后，看起来我们进入了一个地段，这边的人未曾目睹我刚才给卡宾枪装弹那一幕，这时汉族人从他们的房子蜂拥而出，一些人给我们提供了住宿。但是他们没一家有可以安顿我们马匹的地方，我只好拒绝了他们的邀请，让他们其中一个人去衙门（yamen）问满清官员我们应该去哪里。这人甚至很令我惊诧：他竟然用印度斯坦语探问我，而且还说得相当好，但无疑，他说话很符合语言习惯，但要是非常冷静时，说话就稍欠流畅。因为他曾在达吉岭（Darjiling）生活过

---

① 作者的原文是：We therefore held a council of war, standing in the middle of an apparent-
ly deserted city, and came to the conclusion that, as We were in a culdesac, the best thing
to do would be to retreat. 提请读者注意作者此时的这种措辞："war"（战争）和"re-
treat"（撤退）。从前文面对拿石头的藏民时，他拔枪装弹，到此时其理解及表义中
的"战"与"撤"的心理感受，结合作者汉密尔顿·鲍威尔先生作为英军上尉的
军官身份，似乎感觉他就是在带领一支队伍进among中国一样：在中国的土地上，开军
事（"战争"）会议，决议为"撤退"。

14 年，所以他有许多机会去学习这种语言。他急于帮助我们，这表明他深谙那个系统，他明白位尊者会为自己所受服务给付酬谢。他很快动身去衙门（yamen），返回时说我们被允许住到一栋汉族建筑中，我们很快被带领过去了。我们刚安顿下来，一位官员过来问我们打算在这里停歇多久。我回答说，如果我们能得到驮畜和足够食物，以抵达下一可得到同样东西的地方，我们打算在第二天一早就继续行进。那官员离开后很快又返回来，他带来了办事大臣（Amban）的一个口信：他十分遗憾不能像待客人那样待我们。他本以为可为我们免费供应一切所需，但不幸的是，他害怕喇嘛们的反对，所以不敢做任何事。毫无疑问是这样，他的处境与那些在昌都（Chiamdo）的同胞完全相同，也就是说，可以容忍他的存在，但不给予他任何权力。喇嘛就是这个地区的统治者，百姓就是他们的奴隶，而此地的汉族官员就像是一匹掩护马，在与外国势力处理关系时才被派上用场。

第十四章　理塘到塔陈鲁

2月1日，23英里，豪楚卡（Horchuka）。——我们竭力想要促成的一件事儿是找一个人为我们烤足够多的面包，以维持三四天的口粮。那个满清官员说他将派一个人为我们通宵烤面包，不过，这个人更喜欢在早上烤。正当他为此忙碌时，一个从衙门来的仆从来责问他为何不遵守满清官员的命令，而在前一晚上烤面包。面包师并未被吓倒，他敏捷地捡起一块石头。那仆从匆忙逃走了，留下了他准备恐吓的行业好手。在这些地方，不像印度那样有尊重手工劳动的法律。

我们出发前，那个说印度斯坦语的汉民出现了。我决心要把他列为我们的翻译，但我失望地发现，重返严肃场合时，其语言知识已然衰退，所以他肯定不具备一个有能力的翻译所应有的知识储备。大约正午我们出发了，所行路线与此前的理塘（Lithang）仍处在同一地区。看到牧民的帐篷就着地表的凹窝处搭盖起来，随处有成群的牛羊在吃草。沿着小溪河床的线路下行，我们发现那里有大量淘金的迹象。我觉得当地人的一个设计很新鲜：首先，从溪流主水道像磨盘一样分离出一股水，然后，将其聚集流进一个木制窄水渠，于是，冲力加大了的水流像炮弹一样喷出，冲打着一方泥煤样儿的草皮。从河床中挖掘出来的含金泥土被扔在了水槽样渠道的上游，被窄水渠里的激流冲下后，抛掷在草皮表面，泥土中的黄金搁浅在草皮上，其余的泥土则随水流走。

2月2日，海拔12979英尺，20英里，塔墨·若塘（Thamo Rothang）。——翻过了几座非常轻松的山口，这个地区直到驿站休养所之前，总体上是一个类似昌地区（Chang-like）的地貌。休养所那里的山谷两侧变得越来越险峻，上面有树木。山谷里，能见到许多白野鸡。塔墨·若塘（Thamo Rothang）除了休养所和周围的几间矮屋，其他什么都没有。休养所有个散烟出去的窟窿，所以房里相对好受些。试图把烟扇出去，这成了我们的荣耀。而在真正的东方习惯中，灰尘只是扫进角落。而一些猪，很不愿意被从其常待的窝里赶出去，闷闷不乐地在院子里徘徊，不停地努力想要再回来，只是被我们受惊骇的回民朋友们诅咒而驱离。当我们正进入一个汉民聚居区，并且跟随汉民的还有猪，固有成见的回民对此极其震惊①。

2 月 3 日，日行 10.5 英里，夜宿嘎鲁克（Galuk）。——翻过一座山脊，下行到一个山谷，山谷里有很多农田。

2 月 4 日，日行 17 英里，夜宿拉尼帕（Lanipa）。——在到了落脚点后，鉴于还有 3 个小时才落太阳，我们就去丛林里找野鸡。丛林中主要包括一种冬青栎和少量散布的松树。我们找了 3 种野鸡②："萨嘎"（西藏褐马鸡）、"提瑞"（血雉）和"酷农"（四川雉鹑）。它们都站在树上，但被猎犬吠叫时，"酷农"冒失地掀起了翅膀，而"提瑞"这种劣种的鸟，则只是飞上了最近一棵树上，以最无辜的驯服姿态站在那儿，而且其飞行也很无力。大部分鸟，只会飞到最近的树，用最可笑的驯服方式坐在那里，它飞起来确实是无力的。

2 月 5 日，24 英里，纳格楚卡（Nagchuka）。——翻过一个很小的山口，然后沿山谷下行，山谷中，我们发现一些酷农鸟（koonon）站在树枝上。打到这样的鸟儿做样本，单独一只是没法陈列的，所以得悄悄准备，我从其栖息地打中了一对鸟——一公一母。不巧的是，公鸟的尾巴被打成那样，作为展品不够好看。在绑牢这两只鸟后，我

---

① 这一大段话的逻辑关系不太清晰。作者说话核心很游移：先是说休养所的房子有窟窿可以走烟，再说东方人扫灰尘进角落，再说猪不愿被驱离而想回自己常待的窝，再说回民对有猪的地方比较拒斥，而其主题是什么似乎不明确。其实，作者的核心意思也许是说：喜欢清洁干净的人不喜欢脏东西在自己身边，他们一行人赶走烟，就如同回民赶走猪一样，都是对不洁之物的拒斥。

② 原文作者用括号予以补充说明并注释了同一信息在原书中的参见页码，这三种野鸡分别是："萨嘎"（"shagga"）（Crossoptilon tibetanum）（西藏褐马鸡；见第 178 页和第 295 页），"提瑞"（tsiri）（血雉 geoffroyi；见第 199 页和第 297 页），和"酷农"（"koonon"）（四川雉鹑；见第 298 页）。

酷农（四川雉鹑）

就追上驮队，路途逐渐变得越来越崎岖，天气也越来越暖和。大约走了四分之三的路时，看到树上下来一群猴子——更确信是气候温度变化的迹象。路上我遇见一个骑马的人，他迅速下马，跪下磕了好几个头，以示尊敬。我感觉非常高兴，也很荣幸，开始想，尽管面对这样的事实：我的一条裤腿破洞露出膝盖，而另一条裤腿则有一大片皮革补丁遮在了膝盖上，但肯定是因为我的外表有什么非常鲜明的标志，因为很显然，他至少把我当成了皇室贵胄。然而，当这位先生试图站起身时，我们才发现他喝醉到不扶就站不起来的份儿上，这一幕，使得他向我屈膝恭敬的价值，大打折扣。

纳格楚河的水量非常大，在接近纳格楚卡（Nagchuka）村的地方，摆渡之船就是过河的桥。坐落在河水左岸的纳格楚卡，是一个典型的汉族村庄，险峻的大山环村四周。这里大部分是汉族人，他们都出门来注视着我们，但我们已非常习惯于被他们像观赏一种新型野生动物一样盯着看，只要他们不朝我们投掷石头或其他攻击武器，我们不会介意。

我们被带到一个非常舒适的住处，一个从满清官员那里来的人带来了各种民间信息，并给我们提供帮助。这位官员样的人，他也表达了自己因生病而不能亲自拜访我们的遗憾，因为这是他想做的。

18 磅面粉大约花费了 1 卢比，与糌粑一个价。

2 月 6 日，日行 29 英里，夜宿乌鲁·通噶（Uru Tonga）。——路上都是沿着山谷漫长的上行，路上经过了一个高高的瞭望塔，塔上一直有两个人遵照命令坚守岗位警戒敌人。但由于附近没有人生活，任何情况下，也没人从那条道上来，所以，他们俩自然也就从来没看到什么。路上，我们看到一些萨嘎（Shagga）生长在海拔 9000 英尺的地带，这是我们见到的海拔最低的。

乌鲁·通噶（UruTonga）的百姓，几乎全都是汉民。

2 月 7 日，玛雅·高老克（Maya Golok）。——听说这儿有两个传教士，我努力挤到驮队的前面，带着愉快的心情期望再次见到欧洲人；但一旦到了地方，我却非常失望地发现他们不在塔陈鲁（Ta ChenLu）。

百姓们很和善地提到这两位传教士，显然，他们被认为既有感情又受尊敬。他们的趋善影响效果对我而言，看起来明显像小孩，那些以单纯信任因素教育的小孩，与那些夹入如恐惧与冒犯等常人会遇到的因素进行教育的小孩，差异非常大。至于使人转变的传教努力，我很遗憾地说他们并不是很成功。这地方唯一的基督徒，就是那个仅有的①人，在巴塘（Bathang）发生暴动后他坚持入教。西藏并不是个传教的好地方。即使是在英国统治下的类似人群中，他们自然没有像在藏区被喇嘛们所掌控那样，其传教进展也很小。但是，人们又可以从摩拉维亚传教士在拉胡尔（Lahaul）② 和拉达克（Ladakh）③ 的多年传

---

① 作者的原文是：The only Christian in theplace was one who was the sole and only man who stuck to his adopted religion after the emeute at Bathang. 请注意，作者为了强调此地传教成功概率之低，在一句话中以几乎要突破英语表达习惯极限的累赘与重复，三次使用了表达"唯一"这一意涵的词汇"The only""the sole""and only"。

② 拉胡尔（Lahaul）是印度北部的一个谷地，也是印度最偏远与闭塞的角落，每年有长达六个月的大雪封山期，会切断其与外界沟通的唯一山区公路。

③ 拉达克（Ladakh）位于青藏高原的西部边缘，海拔在 3000—6000 米，是藏族的传统居住区。拉达克传统上还包括今天巴基斯坦控制的巴尔蒂斯坦，此地有"小西藏"之称，无论地理、民族，宗教与文化皆接近西藏。在历史上，拉达克是西藏的一部分，时至清末仍为驻藏大臣节制的西藏藩属。印度和巴基斯坦独立后，双方就克什米尔归属问题爆发战争，战后印度控制了拉达克。印方曾声称，中印边界西段早在 19 世纪 40 年代就已划定，遭到中国方面的驳斥。中国坚称对查谟的拉达克及克什米尔大部及藏南地区拥有主权，称印度在英国统治时期，这些中国领土被非法划给印度。直到今天，中印边界西段问题仍悬而未决。该地是中印边境争端之地，中国政府从未承认印度对该地区享有管辖权。2013 年 4 月，拉达克至新疆莎车古代贸易路线之上曾发生中印"帐篷对峙"。

教结果看到：没一个人反对他们传教，甚至是最反传教的怀疑论者，也说不出一个字。

路上，我们遇到了数量庞大的茶叶被骡子和牦牛驮载着从塔陈鲁运往拉萨。实际上，整条路一直到塔陈鲁，都是三五成群驮着茶叶的牲畜。而且，从塔陈鲁再往四川那边，整个是一条连续不断的苦力（coolies）运输线。骡子是一种很好的驮畜，一头骡子的卖价约是 50 卢比或 60 卢比。

晚上，我们受邀观赏汉族舞狮表演，有一个纸做的巨大龙形造型，里面藏着两个男人，他俩伴着服务人员的敲锣声而腾挪跳跃。这是一种容易让人稍看一会儿就觉得乏味的娱乐活动①。

2 月 8 日，日行 15 英里，夜宿阿米亚·托（AmiaTo）。——早晨醒来，发现地面被雪覆盖。然而，太阳一升起，积雪迅疾融化。

这条路穿行在一座点缀着很多村庄的山谷里，这些村庄都是坚固的石砌房屋，而且，由于各家几层房屋都挨在一起、连成一片，从不远处看，它们非常像法国封建时代的城堡。

---

① 受邀观赏却觉得乏味的作者汉密尔顿·鲍威尔先生，其实不仅没能理解并完美欣赏中国的传统民间艺术，还把这种艺术与娱乐集于一体的活动的核心形象给理解偏了：若将道具的外观形象（"a huge dragon-like figure"）与其主要参演者的人数（"inside which two men concealed themselves"）和表演者的样子（"and jumped-about"）这三个方面结合起来，就会发现，此处说的不是"舞龙"而是"舞狮"。舞狮的表演者一般为"两人"，而舞龙队伍一般比较长，不可能只有二人就可完成的。也许因为这个舞狮的"狮头"制作得太过像"龙头"（区别：龙——头小吻长；狮——头大吻短），或者是因为鲍威尔先生识别能力有限，没能认出来"舞狮"表演的核心道具，是"狮子"而非"龙"，进而用了"dragon-like"来表达。不过，也许作者没有注意到也不会理解，此时已经快要接近中国人农历的辛卯年（兔年）的大年"除夕"，他所说的"当晚"实际就是当年除夕的前一天（农历腊月二十九日）晚上而已。每家每户的老百姓都在准备过年了。当时已经立春（1891 年 2 月 4 日）3 天了，老百姓知道春节将至，所以说这次"舞狮"很可能不是专门为他们这些人准备的招待，而是当地百姓的"舞狮祈福迎春"活动，顺便邀请他们参加而已。不过，内地的此类活动一般在数日后的正月里（尤其正月十五）进行的较多。需要补充的是，不论是舞龙还是舞狮，老百姓要的是气氛和这股子热闹劲儿，靠锣鼓喧天和龙狮腾跃的这种气势，来祈祷平安吉祥、风调雨顺。而鲍威尔先生显然还在凝神其重复性动作的细节欣赏，显然，不知民俗含义、难懂情感蕴藉，难怪觉得"乏味"。

　　我们住的房间放置着无以计数的转经筒，这表明我们仍未完全走出藏区及其佛教仪式的圈落。厨房里，有一个用坚硬的陶土制成的精美大火炉，但没烟囱，当炉子点着火时，浓烟充斥房间。两个旅客，一个僧人和一个俗人，坐在地上，喝着由主妇提供的茶、吃着糌粑和肉类。依藏区盛行的习惯，他们吃的是生肉。

　　刚开始，我们很难获得食品补给。百姓拒绝给任何东西，但当我们把糌粑吃完时，必须要弄到些东西吃。所以，我相当尖锐地向头人予以说明。结果是，5 分钟之前被拒绝的食物，立刻被赶制出来，接到我们的酬付，他们都很吃惊，也很高兴。

　　2 月 9 日，赤土（Chitu）。——翻过基拉山口（Gi La pass），相当轻松。在该山口的西坡上，我吃惊地看到一个穿着汉族服装的骑马者，其外貌却俨然是个欧洲人，他逐渐走进。当他近到身边时，随着他一声"早安，先生"的问候语，问题迎刃而解：他是法国传教士之一。见到他，我们非常高兴。不巧的是，我们见面的地方是一个特别冷的地点，而且雪下得特别大，所以我们没能像我们所期待的那样交谈很久，但是我们听说在塔陈鲁有他的三位同乡，第二天应该有幸能见到他们。

　　整整一天，持续下着很大的雪，当我们达到赤土（Chitu）时，积雪达到约一英尺厚，而且估计海拔更高的地面上，积雪会更厚。我们很快翻过藏区山口中的最后一个，而且只用了差不多一个小时不到的时间。

　　2 月 10 日，11 英里。——塔陈鲁，也叫嘎塔塔（Gyatartse）、塔色多（Tarsedo）或达陈多（Darchendo），其名称有不同的叫法。由于安排驮运得花费几天时间，所以索罗尔德博士（Dr. Thorold）决定在赤土（Chitu）停歇并打猎几天时间。于是我一个人继续前行，第一段路是艰难跋涉在雪地上，但是随着太阳出来，雪面很快降低乃至迅速融化了，塔陈鲁街道的湿滑状态跟伦敦街道最差时一样。有人给我们安排了镇上的一所好房子。房屋的窗框中嵌入一个矫饰的窗格，大部分用纸糊起来。房东太太是一位外表漂亮的女人，给我送过来一些茶，饮茶过后，我起身去拜访传教士 M. 格兰多特（Girandot）和穆索特（Mussot）。我发现他们的住处对我来说非常舒适，但我怀疑是不是最近任何从文明区来的人都会被如此招待。那几张照片和他们周围的其他一些文雅的凭证，看来很清爽。传教士穿着中式服装。我问题的第一个是"有来自欧洲的消息吗?"可惜没什么令人振奋的消息。那些欧洲大国，由于多年使他们的军队保持和谐立场，正在"进行可怕检阅并准备防御"，但各国云集以设计欧洲的那一束光辉，仍未出现。

在亚洲，长江流域发生过骚乱，就像以前一样，他们主要是攻击无恶意的传教士。两个英国人在火光中看到使命，觉得起火很意外，就前去相助，结果被暴民杀害。不过，中国人已显示了他们的悔改，而欧洲列强也承认他们对结果满意，但是，传教工作的结果却并不让人满意。正当巴塘（Bathang）的传教士刚站稳脚跟并取信于民时，传教站被毁坏，这对传教工作是一个沉重的打击。他们的抱怨最激烈的是来自喇嘛的反对，在回应他们的话时，我陈述了我的理解中会成为事实的看法。这些喇嘛把沉重的负担加压在老百姓的脖颈上，胆小而迷信的可怜藏民，静静地承受着奴役，耕种土地、照料牲畜，如此让僧人们过得很安逸[①]。喇嘛们清醒地知道：通过与欧洲人交往，以及接受福音传播，此地将会产生新的社会事务状态。因此喇嘛们从其明智的观点来断定：最好的事情就是，通过呼吁老百姓以激发他们的迷信与对灾难的恐惧，来抵制外国人的进入。

我从传教士那里得到的最有用的信息，就是关于去上海的路线。到长江的支流雅图（Yatu），需要八天的路程，这将是此路最苦的行程。主要用苦力搬运，但这条路对于马和骡子来说也是可行的。从雅图（Yatu）到康定（Kiating）有 3 天在竹筏上的行程，因为康定（Kiating）可以弄到小船，从那儿开船到宜昌（Ichang）都是很简单

---

① 作者这段话的原文是："These Lamas press with a heavy burden on the necks of the peo-ple，and the poor Tibetans，timid and superstitious，bear the yoke quietly，tilling their fields and tending their flocks that the monks may live at ease." 从上文来看，这些话应当是作者汉密尔顿·鲍威尔从他所拜访的两位法国传教士的口中听来并在此日记中以转述口吻记述下来的。话语中明显带有传教士的传教活动受到喇嘛们的阻挠，佛教喇嘛与基督教传教士两者间在核心信众群体之争取方面的焦点争执。不过抛开传教士们的个人私利目的，从这些话可以看出传教士经过长期的观察和思考，对此地的社会状况还是有自己独特的见解的。

的，而在宜昌就可以见到蒸汽机船了。然而，在夏天，当山顶积雪融化时，这条路就变得太危险而没法走。我决定用骡子驮物品运到雅图（Yatu），因为与苦力同行，是一件非常乏味的活儿。在传教士们提供的友好援助下，我成功地拟定了一个合同，关于确定何种利率是合适的。要不是他们的存在，毫无疑问，我的困难将会更多。

2月11日。——早餐前出去溜达一会儿，早餐后忙于分解检查我们的行李。有些东西没必要再带着，比如帐篷。

下午，我散步穿过小镇。镇上的街道非常窄，簇拥着的是汉族店铺。火柴作为商业的先锋，显然成了交易货品的日常内容。

2月12日和13日。——我用金末换银子，并以16.5银比1金的比率来称重。无疑，作为一个陌生人我被骗了，但我不相信这种比率能超过17。理塘（Lithang）的金价仍稍便宜些，金银的兑换比例只是14银比1金，我把驮在矮马身上剩下的卖给了一些喇嘛们。这些神圣的男人非常焦虑，希望没人知道他们买了黄金，当无人在场时才给我付钱，并说他们将在晚上来取东西。他们意在逃税，因为凡镇上所有购买行为，都得交税。

我们的房东是个商人，说他已两次经拉萨（Lhasa）到过印度加尔各答（Calcutta），并且赚了好多钱，特别是在麝香上赚钱。我建议走巴莫（Bhamo）路线的话会快一些，但他担心路上会有强盗。除了这个地区的骚乱状态，我看不出那条线路上涌现的贸易会有什么阻碍。

2月14日、15日和16日。——索罗尔德博士是14日到的，猎获了一只巧克力色的小母鹿 Napi（纳皮）（毛冠鹿 cephcdophus）。16日他因发烧而病倒，同样病倒的还有另两个人。塔陈鲁是个不利身体健康的地方。上一年度，这儿几乎每家都死过人，而且，几乎每个死去的灵魂也或多或少都与发烧有关。除过不利于健康的风土①，它还有一个非常令人不适的方面——潮湿、寒冷、多风。不下雨，就下雪；

---

① 作者的原文是"In addition to being an unhealthy climate"，显然这里的"climate"不是指一般意义上的"气候"，因为下文所说内容（潮湿、寒冷、多风。不下雨，就下雪等内容）并非与"气候"并列而是隶属于它，故不便将"climate"译为"气候"，只能译为"风土"。

总之是个令人沮丧的地方。由此，传教士在此长驻，他们所展示出热情，能够引起人们的情感反应。

我看到这里唯一令人高兴的是，在河床上狩猎野鸡（优雅的环颈雉）①。他们有点儿像英国和土耳其的野鸡，而且数量相当多。带上几只狗，就可以弄到好猎物，但是不巧的是，我们的子弹用光了。

环颈雉

2月18日，索罗尔德仍然卧病在床，我自己也觉得有点发烧症状。但是我们下定决心：如果第二天我们的体温低于100华氏度，我们就出发离开此地。然而，第二天早晨，我俩的病情都相当严重，都起不了床。后来一直卧床不起，直到24日前都无法起床。随后，我们都极其虚弱，部分原因是发烧，这儿的自然条件本身就非常容易使人虚弱；部分原因是我们喝了中药。

我们本打算一直骑马的，但我们太虚弱了，所以我们决定用轿子代替。

---

① 原文在括号中提示"参见第296页"。

第十五章　经中国返回印度

2月25日，20英里，尔多思（Irdosi）。——我们原希望早点离开塔陈鲁，但承包商及他的雇员极其拖拉，因此我们直到中午之后才离开。

道路很糟糕，拥挤着将茶叶运送到西藏市场的苦力。他们的载荷量非常大，尤其不考虑背负包袱的人的身体情况。这些劳工穿着在喜马拉雅高原常见的草鞋。大概下午3点半，抬我的人把轿子放下，钻进一家茶馆喝茶。我坐下来静候他们享受被服侍的愉悦。但最后，等得实在不耐烦了，我就走出轿子去查看他们在做什么。结果我得知他们中的一个人在与承包商发生口角后已愤愤离去。由于我的虚弱状态，我不想继续走。我把承包商放在轿子的双杆之间，然后我们继续上路①。不幸的是，他更习惯于吸食鸦片而不是干活儿，结果是，当夜幕降临时，我们离下个停靠点还有好几英里。由于在黑夜中他们无法抬轿前行，因此除了下轿行走，别无他法，我只得下轿走路。但在经过两次由于虚弱而倒下，同时意识到一个事实：这条路有多处是沿着悬崖边缘开凿的，我随时可能在黑暗中掉下悬崖，因此我决定坐下来等待某种转机出现。没坐多久，我们中的一些人就带着一盏灯返回来找我。不到一小时，我就在茶馆里了，在那里停歇了一晚。

这些汉族旅店通常建得很坚实，木制的，有着大房间，显示出很好的木工，但散发出很强的家具味儿，厕所设施非常令人满意。

---

① 也就是说，由于揽活的人没能处理好关系，轿夫中的一个愤然离开，结果使得工头自己被推到了轿夫的位置抬轿子。

2月26日，夜宿劳丁绍玛（Lodinshoma）。——很长一段疲惫的行程，直到天黑很久以后我们才到达。途中，我们在路边的茶馆停下来，吃了些茶点。这条路的茶馆多得数不清，它正在形成一条大的贸易线路。这些茶馆面向街道开放，空间和桌子成排，各种食品以很公道的价格供应给那些在茶叶贸易中以苦力为主的顾客。四坎士（cash）① 就可以买到一点装在杯子里的茶叶，开水免费随意用。劳丁绍玛（Lodinshoma）是个大市镇，引以为荣的是拥有一座铁链桥，不过此桥显然处于危险状态。

2月27日，日行34英里，夜宿考龙费（Kholon Fi）。——一段漫长的行程，夜幕降临后，我发现自己处在一个小山腰。然而，在附近的一个房子采购了一捆手杖，这种木头的手杖点燃就像一把火炬，靠它们扶助，我们在晚上9点半就到了停歇点。

2月28日，日行33英里。——翻过一座山口，山口最高的一点儿积雪覆盖，然后就下行进入一个山谷，山腰上满是农田。汉族人设法在多山地区耕种，这是令人惊叹的。在那些显然难以接近的地方开辟出一小片土地，种些大豆之类的东西，甚至巨石上面也盖上土壤，种上庄稼。

2月29日，夜宿秦琪沙（ChinChi Sha）。——早上起程前，我们弃用轿子，辞掉轿夫，换用雇来的矮种马。很庆幸我们将不再看到他们这些轿夫了——一种我从未见过的非常懒惰、粗野的人。能够跟上驮队一同前行并在天黑前到达，这种感觉，与发觉自己在夜幕降临时仍滞留在距停歇点七八英里远的地方时的感觉，差异非常大。而后者就是我们乘轿行进时常发生的状况。

3月1日，日行27英里，夜宿考尼福（Khoni Fu）。——翻过了我们最后一道山口——感谢上帝这是最后一个。自从离开列城（Leh），因为熬过了而被划掉的数字不计其数，但现在是下山后一路往上海前进。不再下雪了，预计不会再那么冷了。

3月2日，夜宿清醒坛（ChinThin Tan）。——一段非常轻松的行

---

① 原文脚注为"400 cash = 1 rupee."即1卢比（rupee）可兑换400坎士（cash）。

程，沿一条山谷下行，山谷里有河水，我们坐了渡船才过来。气候彻底变得更暖了。竹林环绕，使得乡村看起来几乎像是热带景观。这周围应该有煤矿，因为我们遇到很多用竹篓背煤的人。尽管这些人乐于好奇打探，但跟他们在库车（Kuchar）、阿克苏（Aksu）以及其他新疆市镇的同乡比起来，仍然算是有礼貌的。而迄今为止，我们还没有遇到任何可称得上城镇的地方，而据我经验所知，乡村的汉族和城镇的汉族是两类差异非常大的群体。这条路上有很多茶树林——老的、弃置的、参差的茶树桩，而印度人绝不允许这样糟蹋自己的土地。

3 月 3 日，日行 32 英里，夜宿亚楚（YaChu）或叫雅图（Ya-tu）。——翻过一个小山脊，再下到一个跟周围其他村庄一样人口密集的村庄。中国人非常积极地利用粪便做肥料。我们经过最后一个地方时，好几个男孩背着竹篓跟在矮种马后面，捡集矮种马的粪便。他们也有其他肥沃土壤的办法。如果印度人民愿意向他们学习，不用复制他们所有的方法，只要学习其中最值得赞美的方法，也会使其国家的条件得到巨大改观。他们对堆在自己家门前的肥料视而不见，而其土地却急需这些，这使任何内心想要致富的人却固守着贫穷。中国人比印度人（Hindustanis）更会耕种。亚楚（Ya Chu）是个相当大的镇。我们到达的时候，一个从衙门过来的信使要求复制我们的护照，我们允许了。然后我继续为弄到一个到康定（Kiating）的竹筏做准备。一个承包商过来说给 90 卢比就可以干这活儿。我给他多出 10 卢比，他高兴地接受了。我给他的一定算是多的离奇。

3 月 4 日。——继续前进。无事可做，只是静静地坐在竹筏上任它漂向下游。这些竹筏是极好的，先用竹子做出一层竹排，再用竹篾把它们紧绑到一起。因为水流自由地冲刷并穿过竹竿缝隙，因此行李只得放在高支架上以保持干燥。筏子是极易漂浮的，即使负着重荷，也以一种非同寻常的姿态急速穿梭向前。即使撞上岩石或者底部划过岩石，它们也毫无损坏，这得益于竹子的弹性。河岸两边的地区是山峦和密集的住户。尽管不知何种缘由，但这些地区却有着典型的中国景观。上天似乎送给大自然一个礼物，就是以其本真的面孔出现并烙下自己的印痕。这里主要的作物是芥菜和大米。

晚上，我们把竹筏停拴在岸边，住在一个汉族旅馆。

3 月 5 日。——我们原本计划到达康定（Kiating），结果没能做到。只好在竹筏上苦坐，度过了一个寒冷、痛苦而潮湿的毛毛雨之夜。白天经过湍流时我们便跷起脚丫以免弄湿，水流平稳时又放下来。河里拥挤着很多鸭子，可是，唉！我们一颗子弹也没剩下。

我们路过了很多被拉纤拽向上游的小船和竹筏，这些竹筏不是用绳索而是用竹皮条篾——一种轻便且结实的极好材料——绑紧在一起的。在河岸的商店和集市上，陈列的糖果和小蛋糕数量很多。其中大部分货品优良，价格也低廉地离谱。这些中国人无疑比印度的土著在烹饪料理方面要更舍得动脑筋，印度土著人的烹饪料理几乎一成不变，尽管他们能不违反任何种姓规则地做出多种美味佳肴。然而并非如此，每当谈到变革的本质问题时，印度土著人就会有一个固定的应对："这不符合习俗。"尽管他们有精美的菜肴，但是，中国汉族人不能繁育出像印度北部那样的善战种族，他们那些男人无论在任何连队，都很难被打败。其原因很可能在于，比如两者的主食不同：一个是大米，而另一个是小麦。深深触动我的是，船夫们能设法去倒掉那么多米饭，却不愿分享一些给轿夫。而轿夫却可怜得每过一个茶馆都要停下来去弄点儿廉价小点心来充饥①。

棺材制造业在中国似乎非常繁荣。顺流而下的时候，我们看到很多棺材垒放在手工作坊的外面。

---

① 作者汉密尔顿·鲍威尔在这一天的日记中提到了两个值得留意的问题：其一，食物决定种族是否善战；其二，船夫和轿夫的劳动负荷与工资收入的反差悬殊。对于前一个问题，历来都有一些人有自己的看法，但是，涉及生物科学研究的范畴，我们这里不多赘述，但是，可以看到，鲍威尔先生认为汉族人是不善战的，这也许是他所代表的很多英国人乃至西方人在目睹中国当时老百姓积贫积弱、官绅士兵嗜吸鸦片、满清政府腐朽无能等各个方面的消极因素之后所得出的骄妄推论，这大概也是他在 20 年之后的 1911 年率领阿波尔远征军进军我国西藏的前期情感铺垫吧。对于后一个问题，船夫走水路，轿夫走陆路；船夫的动力借自于水由高向低流动的势能所转化来的动能，轿夫则纯粹依靠肩扛承重、挪步移动的完全重体力活儿，很大程度而言，不亚于那些驮运茶叶的苦力。相比而言，船夫比轿夫精力消耗少、酬劳待遇高。不过，鲍威尔似乎要表达的重心在于他自己被触动的是：船夫的"为富不仁"与轿夫"贫穷奔波"。

3 月 6 日，夜宿康定。——正午刚过，我们到达一个有城墙的，别致地坐落在河流左岸的大市镇。那是一个对大宗丝绸等贸易交换来说相当重要的地方。

我们一进去，我就去筹划安排一条船，以便载我们去重庆，讨价还价之后，我以 8 两银子雇到了一条中等规模的船。雇主要求预付一半价钱，但称了很多碎银子后，我最多能凑到 2.5 两，所以剩下的佣金我只得用坎士（cash）付给他（400 坎士 = 1 卢比），总共是 2200 坎士。需要硬币，这使得在中国旅行是个麻烦事。因为要刚刚凑够银两数额通常是不可能的，而要弥补差价，就得用坎士（cash）付。因此就得带大量的坎士（cash），水运倒没多大问题，但雇佣苦力或者矮种马就麻烦大了，——整个矮种马队的运力也只能驮来一小部分数目。傍晚，我们刚上床睡觉，就惊讶地听到有人在岸边用英语朝我们的小船打招呼。这个意外前来拜访的人，居然是雷力先生（Mr. Rarey），他是中国内地布道团成员，在这个荒僻的地方已经待了 3 年。他告知我们，必须得在两天内到达隋傅（Sui Fu），那里有几个传教士。

3 月 8 日。——我们在天黑前到达隋傅（Sui Fu），接着马上去找布道团的菲尔夫妇（Mr. and Mrs. Faers），我们在北门附近的一个当地房子里找到了他们。他们的房子周围有一些欧洲风格的建筑，看起来很舒适。但住在中国市镇的中心，并不令人愉快。他们都按照教会的习俗要求穿着汉族服饰。

一群人从街上一路跟着我们，待在屋子外面，一直冲着里面的我们尖声喊叫。外面的噪声突然异常增大了，我们跑出去看发生了什么事。发现这种骚动是由我的猎犬引起的，它跑了出去，在人群中引起了恐慌，他们都因为看到这外国狗而受到惊吓，而它却也因此被吓得不轻。

在东方，欧洲慈善事业经常会碰到理解困难，但没人会像中国人这么让人费解。传教工作在此开展已有两百多年了，然而最近盛传一个报道说，菲尔夫妇偷了一个小孩并将其吃掉。这使得他们的处境变得相当危险，而这孩子其实只是迷路了。好在小孩被及时找到，才幸免了严重后果的发生。他们建立传教区的地方持续不断爆发反传教运动，这显示出，要把这些意图消除并获得老百姓的信任，看来是一项无望的任务。大量的人更容易相信，传教士前来是为获取中国儿童的肉吃，或者从孩子们的大脑提取一些神秘的药物，而不是以献身慈善事业为目的。菲尔先生很令人感激，他亲眼看着我们下到小船里，很幸运他能这么待我们。当围观群众相当喧闹时，他也跟着喊各种鲁莽的话。菲尔先生（Mr. Faers）转身用群众们的语言给他们讲话，设法把他们控制在一定界限内。导致街道比平时拥挤的原因是，市镇上满是来此参加定期竞赛考试的军校学员。这些军校学员大部分是由社会最底层的人们和苦力等阶层人员构成。考试的主要项目包括五支箭射向同一标靶，沿战壕骑马时要放开缰绳、甩动手臂。在军事考试中，行贿不像在文职考核中那样起作用，因为候考人数严重不足，而可获奖励又非常微小。菲尔先生告诉我所知道的一个事：在文职考核中，一位考生行贿了 1000 两银子。我们经过街上一个喊着猥亵的、恶心的话语的男人身边时，被告知要为之付钱。其实，汉民是一种很奇怪的人。

3 月 9 日。——再次起程，伴着清晨第一缕阳光沿河而下。到了隋傅（Sui Fu）下面的长江主流，江面上挤满了扬帆的舢板，远看如铺展的席子。岸上，张贴了很多人的头像布告，是因为这些人在小河道上劫掠犯罪。张贴罪犯的头像布告是中国的一项常规制度，无疑有威慑作用。

世界上所有人中，我还没见过像中国人这样普遍呈现出一种病恹恹的外貌。在一群人中，你几乎找不到一张看起来健康的脸，可能是因为其恶劣的生活条件所致，因为，其所处气候是足够健康的。在滨河区生活的人，尤其是在船家群落中，这种状况并不显眼。整天出门划船的人，不可能像内陆城市的居民一样劳作累坏或自然恶化了他们的体质。我应该考虑别急于下此结论，原因是，滨河区百姓吸食印度鸦片，而内陆百姓则是土生土长。由于印度鸦片的进口数量相对于其产量而言，是非常少的，从而其效果还未在这些吸食者身上这样或那样显现出来。

3月10日。——天一黑，我们就缆船靠岸，在此过夜。集市上，猪肉、猫肉和狗肉都被并排售卖。尽管一斤猪肉的价格是80—120坎士（cash），一斤狗肉的价格才是40坎士（cash），而一斤猫肉的价格才是25坎士（cash），但后二者与前者相比，显然食用价值较小。

3月11日、12日和13日。——我们被逆向风耽误了，并且只得持续把船缆停岸边直到逆风缓和下来，所以我们直到13日才到达重庆。重庆是个拥有20万居民的大城市，位于两条河流的交汇处。它在白蜡、丝绸等方面有着巨额的贸易交换，若只要蒸汽机船能发展起来，并成为与四川（Szechuen）大量贸易交换的中心，那么它将发展成第二个上海。我们一到重庆，就出发去拜访英国领事富尔福德先生（Mr. Fulford）。那条路穿过城市，城里有几个好商店。很明显，我们进入了一个人们都对欧洲人有一定了解的地区。所问到的物价，要比过去我们问过的那些不了解欧洲人的地区高很多。英国领事馆是市镇里一个当地建筑，一点儿都不相配。首先，期待欧洲绅士生活在恶臭的、不卫生的中国城市，这是不对的。但我相信，为了使他维持与当地官员交往中的影响力，他这样做被认为是明智的，他应该这么做。其次，一个强国的代表，其住所如此简陋，这是不够庄严的。我们未能在家里见到富尔福德先生（Mr. Fulford），并且不确定他何时回来，于是我们非常失望地回到船上。傍晚，我们收到他的便条，邀请我们在这儿期间去他那儿做客。不巧的是，在我们接受他的善意邀请之前，城门关了，但我们答应明早去见他。

第二天我们去看望他，这是一次盛情款待，——见到同胞且再次感触到了文明，查看旧报纸，阅读近一年来的新闻，这些事儿都是非常有意思的。当天，我们与一个男人商定要坐他的船去宜昌。作为回报，我们得给他18两银子。但他到达宜昌得在8天或更短时间内，逾8天则每超1天扣除1两银子，所有条目书面写下并双方签字。

下午，我们去拜访皇家海关服务处的霍布森先生（Mr. Hobson）和乐维特先生（Mr. Lovett），他们的住处极优于领事馆。就像在隋福（Sui Fu）一样，此地满是军事学员，他们将在每一个空闲地点操练箭术。我想，中国政府充分意识到了这一事实：弓箭已过时。只是他们

扬子江上的峡谷

对学生操作更好武器无足够信心。

　　文职考试之严格（稍被贿赂所松懈）可由这样一个事实来判断：在四川全省的各地考试后，有 15000 名成功者再以备选考生身份进入省会成都参加进一步的考试，此次考试中仅有极少数人可被允许去北京参加终极考试。①

　　尽管重庆名义上是个开放港口，可并不允许蒸汽机船进入，中国宣称其原因是，目前从事运载工作的木船运输群体会因反对而掀起骚乱。乍一看，这可能是一个很好的论证，但经验表明，若一个港口向蒸汽交通运输开放，随着贸易量激增，小船和舢板的活儿绝不会减少。事实上，船运工的收益和其他任何人一样多。例如，汉口和上海十分之九的交通运输都由蒸汽机船承担，汉口江面上的舢板数量，比其成为开放港口前增多了。对于蒸汽机船能否上行到重庆，这个问题我也不能给出一个合乎情理的明确意见，但我的确没见到有蒸汽机船这么做的——若特别设想它们可能有条件通航至重庆。

　　市郊几英里远的地方是一个大的墓园。在特定场合，老百姓为其祖先的灵魂焚烧大量的纸②，为此目的建了这样一个固定的场所。墓

---

①　鲍威尔先生对中国社会状况各方面都有仔细的了解，但他也许略有不知，这些人到北京后参加的考试并不算是一次性终极考试。中国封建社会的科举考试分三级：院试、乡试、会试（及殿试）。具体信息可以概要如下：第一级院试。院试，是正式科举考试的最低一级的考试，院试前还须经过两次预备性考试——县试和府试。这三次考试总称小考或童试。第二级乡试。乡试，是科举才选的第二级才试，习惯称乡试之年为"大比"之年。乡试时间每三年一考。当时官场中称举人出身者为乙科出身，进士出身者为甲科。第三级会试和殿试。第三级是科举考试的最高一级考试，分两步进行，先会试后殿试。会试，就是集中会考之意，也是三年举行一次，顺天府及全国各省举人，于乡试后的第二年来京参加由朝廷命礼部主持举办的会试。会试录取名额（中式）无定数，每科多或三四百名，少也近百名。举人考中贡士的比率据文献记载粗略统计，每科录取名额一般占来京应试举人的二十分之一。殿试，由皇帝主考，在宫中殿廷亲发策问，故又叫廷试。会试录取的贡士参试，一般殿试不黜落贡士，只是重新分定出等第名次。殿试只一场，只考策题一种，名殿试策。策问大多是考问当时政治，经济和治国安邦、巩固政权之策。也就是说，在四川各地的考试叫"院试"；"院试"考中者在成都再考，叫"乡试"；"乡试"考中者到北京再考，叫"会试"；"会试"考中者在皇宫中再考，叫"殿试"。一般而言，"会试"和"殿试"可合成为一级。

②　作者的原文是：On certain occasions the people burn immense quantities of papers to the manes of their ancestors. 其中他用的是"bum... papers"这个表达。这里需要说明的是：老百姓在祖先的墓园（或坟前）给祖先灵魂的，不是普通的"papers"（纸）而是"钱"，只不过是用象征意义的"纸"代替了而已，故俗称"纸钱"。一般以焚烧的方式"送给"对方，俗称"烧纸"。但也许鲍威尔先生不知实情，也许此内容不便表达，总之，读者未能从其表述中看到这一层意思。

园扩展之大小往往成为一个庄重的问题，而其唯一的合理判断标准的制定，是在朝代发生更替时。

3 月 15 日。——在富尔福德先生家（Mr. Fulford's）住了一夜后，我们黎明上船，希望立即出发，但不幸的是，一些船员还没来，所以我们又等了几个小时才开船。

就在重庆下面，由于自成都来的支流在此汇入，于是长江水量也比其上游大了一倍。尽管此船比我们来重庆时坐的船要大得多，但我们还是觉得很拥挤，因为桨手数量增加，船舱里仅有把手臂自然下垂的位置。船夫站在船头，用长桨划船，一直唱着一种并不具音乐性的**叠句**号子，船员们看起来都很愉快。

途中遇到很多逆流上行的大型帆船，有的乘帆航行，有的纤夫拉纤在岸。我们乐此不疲地欣赏着长江呈现给我们的生动画面，因为它是一个美丽富饶的区域。不论在何地，我们一上岸，就会有人跟随周围，发表傲慢评说。可一当我们突然转身，最有趣的，就是看着他们拔脚逃走的样子。

3 月 17 日，万州（Wanchu）。——我们设法再往前多航行些路程，我们是午夜稍过就出发，一直稳定地前进，直到晚上 8 点才休息。陪伴我们的柔和顺风始终从船尾送来，而大多数日子里，尤其是午后，我们遇到的是逆向迎面的较强微风。路上我们经过了寺坡寨（Szi Po Chai）村，那里有最醒目的独特岩石，其岩壁垂直陡峭。江岸的一边，是一座七层楼高的佛教宝塔，塔顶还有一些建筑物。

万州是长江岸边的一个大地方。和其他许多地方一样，在江水的夏季水位线以下，建造了许多草屋给船夫们当茶馆用。

3 月 18 日。——雨下得很大，我刚出发不久，就不得不把船缆靠岸边，因为顶着强大的迎面风无法前进。我们只能坐在那儿一小时接一小时地等，却毫无补救办法，这是相当痛苦的事情。最后，逆风和缓下来，我们再次出发，但设想的结果，只是在天黑时抵达小镇易永双（Yi Young Shung）。

3 月 19 日。——我们进入了著名的长江三峡，同上游相比，两岸的山更高更贫瘠。顺长江延伸的前后放眼望去，好像江水没有出口，而我们则身处一座狭长的湖中。

沿着悬崖的岩面，蜿蜒着一条小道，多处是从坚硬岩石中切凿出来的，而其所有工作，均由私人个体完成。这种行为完全依循东方思想，乡村事业很大程度上依赖于个人的善心或荣耀之心，而这种事在西方，将由国家来承担。地势稍低的一头，有几处相当险恶的激流。或许在水量大的河水里，轮船可以通行，但据我们观察，这样的航道肯定不行。

22 日，我们从峡谷驶出，绕过一段弯曲的河道，英国皇家海军舰艇埃斯科（H. M. S. Esk）、中国征税巡洋舰和蒸汽轮船异灵（s. s. Y Ling）进入视野。我们停泊在市镇宜昌，它是中国离海最远的一个开放港口。我们径直来到异灵号轮船（s. s. Y Ling）边上，但令我们十分失望的是，它已经满载而无法再捎上我们。一位满清官员与其常规随行的僚属和底层民众专享了旅店住宿，我们不得不下决心等下一艘蒸汽轮船。由于此处航道的低水位状态，因此还不知这下一艘轮船到底来不来。随之，我们去拜访英国领事（the British Consul）埃弗拉德先生（Mr. Everard），他就住在河附近。走近了，看到这里基督教传教建筑被骚乱者烧毁而留下的漆黑墙体，就回想起几个月前爆发的骚乱。在与几名手无寸铁的传教士对峙时，数千名中国人是不服输的勇士，但在几名决心已定的手持步枪的人面前，他们的勇气一下就不见了。摧毁传教站之后，他们得意扬扬地冲到海关大楼，但是那儿有个令人意外的阵仗，八个欧洲人持着步枪在那儿等着他们——一个意想不到的沮丧结局。所以，那群勇猛的乌合之众悄然消失。①

傍晚，我们听说那位原本打算乘坐蒸汽轮船异灵号（s. s. Y Ling）的满清官吏改变了主意，所以我们终于可以乘坐这艘船了，我们马上把行李搬到船上，再次欢快地回想我们所进行的这场原始模式的旅

---

① 作者的原文表述为：so the valorous rabble quietly melted away. 这里话语中的"消失"（melted away）易于被误解，尤其是把（面对 8 名荷枪实弹者时的）"勇敢暴民"与"悄然消失"结合起来理解为被射杀而死。其实，"melted away"还含有"消散""慢慢散去"之意，它也多用在指团体、人群的慢慢散去。故此处的数千人是见机不妙、惊恐逃走。

行。旅途中的帐篷和当地小船，将要被汽船和火车所取代，而且粮食补给也不再是我们每天的焦虑之源。

天亮前，我们已在航行中。在甲板上，我们发现所乘之船正穿过一个与上游宜昌有着很大特征差异的地区，山峦换成了平坦的冲积平原，而且江面也极大地拓宽。在沙司（Sha Szi）的对面，河岸有个大城镇，我们在此停泊，以便乘客下船和船只离岸，因为它不是一个贸易港口，所以禁止装货和卸货。

第二天，我们经过桑迪岛（Sandy Island），那儿有一个直直延伸横穿过河的沙洲。因为它总在移动中，沙洲上也几乎没水，这是汽船船长一直焦虑的原因。在河流的这一区域航行相当棘手。轮船持续阻滞，且搁浅沙洲一连好几天，最终要么靠水面上升，要么靠卸货拖拽，才可起航。大量的木筏顺流而下，它们尺寸极大，上面还建有棚屋，屋内有规律的社区生活。

途中，在经停一个小镇时，一位来自挪威的传教士上了船。他看起来在非常卖力地传教，但讲述的都是迄今为止虽不很成功却有很大希望的平常故事。

3月26日，我们到达汉口（Hankau），它是中国最大的茶叶市场。我们发现了一艘将在傍晚出发去上海的康育号（Kiang Yu）轮船。我们立即把行李放到船上。这艘船是河运汽轮的一个宏伟典范。

行李装船后，我们到附近的定居点转了转。沿着河边，有一条沿江道路（河堤），更多用作散步场所。在河堤后面，是商人们以及其他一些居民的住宅和办公室，尽管不是特别好，但它们明显与加尔各答的乔林基（Chowringhee）房子相似。它们肯定比印度内陆的普通平房更舒适。但不带花园，房屋又挤在一起的样式，构成了盎格鲁—印第安人眼中唯一的瑕疵。

汉口有一个小的赛马场，面积有7弗隆①大。中国唯一的比赛是矮马竞赛，因此小跑道不能被看作是大缺陷。我看到一些矮马在跑道上走着。在我来看，全是些来自中亚（Central Asia）的卡曼克（Kal-

_____

① 弗隆（furlongs）：英国长度单位，相当于1/8英里或201.167米。

macks）马，是从蒙古（Mongolia）来的一种头重尾粗的低劣矮马。它虽是负重驮载的好手，却不善奔跑竞赛。印度乡下驯养的矮马都能远超这些矮马中最好的一匹。然而，不论这种马的速度快还是慢，该运动项目好在被从另一阶层引介并填补了空白。

傍晚，我们和海关的主要专员穆雷德先生（Mr. Moorhead）共进晚餐，并和几个居民愉快地交谈。这是一个开心的夜晚，由于汽船要晚上 10 点前动身，所以我们缩短了会谈时间。

3 月 27 日。——汽船沿长江逆风下行，全天都在下雨。大约下午两点，我们到达了开放港口九江，这个港口因制造大部分进贡皇帝的瓷器而闻名。这儿的瓷器与刻有五爪中国龙的普通瓷器有很大区别。大量瓷器产品因细微或假想性瑕疵而被拒收，而且所有被拒之品都被下令打碎，但实际上它们仍被拿来售卖。

我们也经过了芜湖（Wusue）。不久前，这儿有两个毫无恶意、手无寸铁的英国人被暴徒打死。若在其杀死这两人之前、之后或正当时，突然遭遇到十几个武装人员的护卫，他们会畏惧地坚称自己并无恶意。①

经过了一座非常醒目的岛屿，名叫小孤儿，坐落在沿河更远的地方。传说有一双父母带着两个孩子坐船沿河上行，这时一场风暴袭击了他们，小船倾覆，父母溺亡，两个孩子却被一只乌龟救起驮在背上。可是，其中一个孩子被冲落水中，变成了小孤儿岛，另一个孩子被卷到上游很远的地方，变成大孤儿岛，而那只乌龟则继续向前游，最后停下来，变成了第三座岛屿。

3 月 28 日，经过大城市南京，这座城市因为太平天国运动（Taeping rebellion）而著名。这场反对帝国主义者的运动历经很长一段时间，帝国主义者在河对岸建造工事以形成包围之势，双方对射，却无人受伤。帝国主义者找到了一个臭名远扬的河匪，让这位连政府都怕他的法外之徒来襄助，而他所做的，只是对运往被围困城市的大米征税。

---

① 此处指 1891 年的"芜湖教案"。

现在，河岸前方被克虏伯（Krupp）枪炮保护起来，以防在战争时，敌方船只通过前方，因为那部分河域相当狭窄。

一些中国防御工事的射击尺寸，主要是根据南京周围有 21 英里长的城墙这一事实。当然，这个城市仅占城墙所围护区域的一小部分。中国当然会花费大量精力在防御工事上。王国疆域内的所有城市都是一样的。每座城市周围都有城墙，尽管在很多情况下，由于群山形成的天然屏障，城墙也无多大意义。试图将整个国家都纳入一个巨大堡垒中的长城（The Great Wall），暗示着中国人关于军事问题的想法：他们不喜欢旷野作战；稍有扰乱，他们就躲进城墙，紧闭城门①。

3 月 29 日，上午 11 点，我们到达黄浦江（Wangpo）入河口，那儿有一些配备了现代枪炮的中国式堡垒。然而，其价值被大大地削弱了，因为他们只想固守于这样一个范围，而无意在实践中向边翼做任何拓展。

上海距离出海口有 13 英里远。所有国家的船只都会在这里汇聚并出海。在城市的不远处有 12 个左右的炮艇停泊，它们四周潜藏着一种军舰所固有的压抑而安静的气氛。江边上，被搬上岸的舢板到处都是，不计其数，它们鲜艳的色彩给岸边风景增添了活力。租界内本身就有啤酒厂、纺织厂、水厂和码头，彰显着欧洲的企业与技术实力。

码头上，一群拉着人力车和手推车的中国人集合起来要招揽运载，从他们中间穿过则相当困难。上海当之无愧被称作"模范租界"，

---

① 身为英军上尉的汉密尔顿·鲍威尔先生的视角独特，他能在一路听闻与观察中得出很多结论，比如他从自己所得来的消息中似乎总结出：喜欢一有风吹草动便躲进城门来避祸的中国人，似乎是躲开了风险，实际也是将自己逼进了死胡同——断绝粮食供应，便会被困死城中。当然鲍威尔并未直接如此总结，他的表述中，很明显有这层意涵。由此推演，读者可以借由他者视角，去反思中国的近现代史：躲避于长城高墙内的泱泱大国，自以为在拒斥学习的同时也躲避了灾祸，结果自绝于交流学习和开放进步的国际大环境，最后沦为半殖民地的被迫学习者和自救者。也许，在鲍威尔的眼中，这种遍地"以墙护城"的居住景象，是一种军事思维，也是一种民族心理定式：消极躲避，安享"蜗牛之壳"的故步自封。

但有必要进行一场彻底改革，以取缔部分人力车。由于沿街的路面被招揽乘客的车主烦扰，因此没法舒心地走过去。若非如此，即使最挑剔的批评家也很难对上海吹毛求疵。街道整洁，电灯明亮，如此等等，上海无须向其他地方学习，尽管它压根儿不是东方唯一堪称"模范租界"的地方。

在警察局，那儿有 60 名工作出色的锡克教徒（Sikhs）。他们很高兴地同来自旁遮普（Punjab）①的任何人交谈，我们讨论阿姆利则（Amritsar）的排灯节（Dewali）和其他一些非常有趣的来自"五条河土地"的事情。他们似乎非常满意自己的命运，又极端蔑视中国人，他们中没人想长期留在上海去体会那种内心的恐惧——被天朝子民（Celestials）傲视时的恐惧。

我们从上海乘坐轮船公司（MessageriesMaritimes）的纳塔尔（Natal）号汽船前往香港（Hongkong）。从香港开始，乘坐日本船运，经由新加坡（Singapore）和槟城（Penang）——二者皆被称为"模范租界"——去往加尔各答（Calcutta）。说也奇怪，此二城覆盖着浓密的植被，却不长蔬菜。从加尔各答，我们直接去往达西姆拉市（Simla），我们离开这座城市已达 12 个半月之久。

驮队客们从加尔各答坐火车径直前往拉瓦尔品第（Rawal Pindi），从拉瓦尔品第出发，可在一个月内抵达他们的家乡拉达克（Ladakh）。他们为我们提供了良好的服务。没有他们的帮助，这次的旅途绝不会如此成功地到达终点。当他们又累又饿时，他们也从未犹豫出发去找寻那些走散的矮马，而且经常一整夜都在外面找寻。日复一日的数月里，他们在跋涉之路上，遭受着各种恶劣天气和无尽艰难，这很好地

---

① 译注：旁遮普（Punjab）是印度西北部的一个省。下文的阿姆利则（Amritsar）是印度北部的一个城市，它更是锡克教（Sikhism）的圣城。锡克教徒被称为锡克人，长发、梳子、钢箍、匕首、短裤是锡克教徒的五大信仰标识。朝圣地是被称为"神之所在"的阿姆利则金寺。

证明了：良好养育的东方人所具有的持久耐力①。在大部分的行程当中，他们食用了充足的肉类，这保证了他们所做工作的数量。

　　与他们分离是一件痛苦的事情，我应该早就很友好地善待这些让我如此感激的人。

---

① 作者原文是 "exemplified well the lasting power of the oriental when well fed"。不知作者鲍威尔先生这里所说的 "when well fed" 的具体所指，但是从下文作者提到的 "在大部分的行程当中，他们食用了充足的肉类"（During the greater part of the journey they had had plenty of meat）来看，作者似在强调：充足的肉食可以提供耐久的精力。但是，作者没有用 "diet" 或 "eat" 等词汇，而是用了一般表示 "抚养" "养育" "喂养" 乃至 "饲养" 之义的词汇——"fed"，足见鲍威尔先生尽管在积极表达自己对这群人的感激之情，但是，他难掩自己对这些人之 "低人一等" 的看待。而且，也在这部分的最后一句话中表达出自己其实并未能很友善地对待这些人的事实。

第十六章　宗教、国家、人民，等等

在印度西北的省份①，大约 2500 年前，乔达摩·悉达多，被尊称为佛陀，或者"大彻大悟的人"，创设了以他命名的宗教——佛教。他能迅速成功地赢得皈依者，很大程度上源于民间一种对婆罗门（Brahmins）种姓制度所强加的歧视压制的反抗感情。但在乔达摩的追随者和更古老的印度教（Hinduism）信徒之间如果有反感情绪存在，那也似乎很少。我们有两个中国朝圣者的证据：在 4 世纪拜访过印度的法显和在 7 世纪拜访过印度的玄奘，都能证明这两个宗教友善并存。这两段历史都显示了一种惊人的空白：不存在任何性质上的宗教迫害或宗教褊狭，此二者关系就最利于彰显出一个观点：伊斯兰教（Mohammedanism）更不宽容一些②。佛教（Buddhism）是一个明显文雅的和消极的角色。世间存在不幸，要勇于承担痛苦，要注重美德修养，——这就是佛教的教义，你别设想它会激发你变得更伟大或有什么壮举。但它绝不会陷入这样的念头：别友善地兼容信奉其他教义的信徒。

能被归为佛教徒的人数被严重夸大，一些作家估算佛教信众占人类的三分之一，其数量可达到包括全部中华民族在内的人口总和——这大错特错。大量中国人是道教徒或信仰儒家思想的人，同时在实践中崇拜祖先，这才是他们的宗教信仰形式。若能曾经获得一个实质可

---

① 作者原文表述为 "In the North-West Provinces of India"。其实，应当是生于现在尼泊尔的南部。作者此处表述与实际情况不符。

② 作者的原文表述为：a point in which they compare mostfavourably with the more aggressive Mohammedanism.

靠的统计报告，以数据来显示中国人所宣称信奉的不同宗教，那么，大部分人就会震惊于大清帝国穆斯林和佛教徒数量之少。

甚至，藏族人是否应该被归为佛教徒，这对我来说似乎也是个相当开放的论题。当佛教首次从印度传入藏区时，它渗透着很强的印度教（Hinduism）成分，从看到的摩尼（Manes）上和房屋中的偶像就可证实这一点，偶像中的绝大多数都是采撷自印度教的万神殿（Pantheon）①。在佛教传到西藏时，深受萨满教（Shamanism）影响，进而又被引入的喇嘛教改良。从这些不同的源头与影响来看，西藏的现代宗教已经成长为———一种好像不能确切描述为佛教的宗教。穿行中国西藏，你几乎看不到那些与乔达摩或其教义相联系的东西，肯定地说，它只可与印度教相联系②。印度种姓制度在西藏是不存在的，不过它无疑可由如下事实来释因：婆罗门种族从未在西藏地区站稳脚跟，而喇嘛在名义上是禁欲的，不能霸占任何特殊的种族优越性。尽管种姓制度与印度教（Hindu religion）的关系密切，但种姓制度也不是印度教的全部，而只是一种社会制度。

作家们对于佛教越过喜马拉雅山（Himalayas）（而来到中国西藏）的真实日期有着差异很大的看法。但佛教在西藏形成的这种印度教形态，表明它的传入时间是比较晚的。若佛教在印度（India）会终结，便可能是它太浸染于婆罗门教（Brahmanism）而无法辨清自身。至于佛教能在中国西藏（Tibet）找到立足点的那个时候，则肯定是它正处于一个转型状态时期。没有哪个地区如西藏这样，宗教印记无处不在，每人都手握一个转经轮在不停转动，即便是在骑马时。成堆的雕刻着神秘句子的石头随处可见，标记着相同神秘句子的旗帜随风飘

---

①　这段话纯属作者观点，不代表译者论点和情感倾向。这段话汉密尔顿·鲍威尔的原文是：That even the Tibetans should be classed as Buddhists appears to me to be a question quite open to discussion；when first the religion was introduced into the country from India, it came strongly impregnated with Hinduism, as is testified by the idols to be seen on Manes，and in houses，the great majority of which are taken from the Hindu Pantheon. （参见原作第 272 页）

②　这句话的原文：为 Travelling through the country one sees little that can be connected with Gautama or his doctrines，certainly not more than can be connected with Hinduism.

扬，甚至在特定的山峦和岩石上，也雕刻着这些神秘句子。但这一切的外在呈现仅意味着一个显而易见的迷信，人们绝不把他们的宗教看作培养美德和品行的生活准则①。他们认为：谨遵特定规则，会得到好处（但他们不能确知会得何种好处）；漠视特定规则，会遭受灾祸（但他们不能确知会遭受何种灾祸）。

西藏地方政府的首脑，无论是在精神方面还是世俗方面的事务，都是达赖喇嘛。但为了更好地致力于圣职事务，并有充足的时间不受打扰地沉思冥想，他将很大一部分总管权限委托给其辅佐者。这位总管会被看作该地区最有权力的人。而他又在噶厦（Chasag）或秘书的协助下做事。从而，该秘书也是一位在地方政权里举足轻重的人物，因为总管的所有通信都经他之手，从而很多事情他有权决断而无须呈报总管。不幸的是，达赖喇嘛本应在十八岁时上任，但几乎总是在他们成年之前就意外辞世。或者，依照藏民的观点可能更准确：他们厌恶俗世的罪恶，所以退隐欢乐的国度。而这些总是发生在他们接管官印的任命年龄之前。没人刻意质疑：正是由于俗世的罪恶，才致使他们辞世退隐。但若能死后验尸，就会揭示出他们几乎是不愿离世的；没有验尸的证据，我们就可能想当然。从西藏地区流行投毒这一情况，就能判定他们死于中毒。由于权力仍攥在噶伦（Gyalpos）（实质性的王）或摄政王的手中，其谋害动机就不难看清。

达赖喇嘛死后会再次化身为一个转世灵童，然后再由神职人员前去各地寻访。在神灵授记的帮助下，他们圈定一些年龄接近四岁的男童，叫他们前来辨认达赖喇嘛生前曾用之物，以测试（是否转世灵童）。

那位几乎总能成功地被确认为转世灵童的男童，随后到布达拉宫（Potala）坐床，——在那里，他将度过余生。万一他未能被确认了，僧侣们会重新他们的转世灵童寻访工作。当事情最终解决以后，就会

---

① 这句话的原文是：But all this outward show means nothing but a gross superstition；in no way do the people regard their religion as being a rule of life inculcating virtue and morality.

呈报大清皇帝，不为请求批准，只为传递信息①。达赖（Talai）这个词有两种解释，一些人用蒙古语（Mongolian）的"海洋"②这个词来定义它；其他人则从汉语中派生出它的概念，词根是"塔"（Ta）、"伟大的"。在西藏最常见的用于达赖喇嘛的称呼是德瓦·庄（Deva Zhung），或者是"幸福中心"，它既可指达赖喇嘛个人，又指拉萨地方政府。

达赖喇嘛、班禅喇嘛（TeshoLama）或是宏伟的喇嘛（Grand Lama），还有噶伦（Gyalpbs），都属于改革后的格鲁派（Geluks-pa）（正直的一派）或"黄教"（黄令）（yellow order）僧人。尽管"黄教"这个名称通常被欧洲人用来代指 14 世纪的伟大改革家宗喀巴（Tsong Kiarpa）③创立的宗派，"黄教"是容易被误解的，因为未受改革的僧侣通常穿着同样昏暗的红色服装，只是他们的帽子是黄色的而已。总管以下，是噶伦（Kahlons）会议，或者说阁僚。直到最近他们仅有 4 个人，但依从持续上升的教会权力，从神职人员中又筛选了一人作为第五人，已经加入其中，名义上是照顾了教会的利益。隶属于噶伦（Kahlons）的 16 位官员中，各有 4 人分别负责民政、军事、司法和财政事务。除了这些官员，在每个地区都有行政官员，他们被授权在他们辖区内行使司法权。

然而，无论这个体制在纸上写得有多好，事实上整个西藏都由一

---

① 作者原文表述为：and when the matter is finally settled, intimation is sent to the Emperor of China, not for confirmation, but simply for information. 显然，汉密尔顿·鲍威尔的理解有重大错误。他不知中国的历史：1653 年，清王朝顺治帝册封五世达赖为"西天大善自在佛所领天下释教普瓦赤喇怛喇达赖喇嘛"，以中央政府的册封形式确定了达赖喇嘛的封号和地位。此后，历世达赖喇嘛都必须经中央政府册封才能得以确认，成为一项历史定制。由此开始延续，到作者鲍威尔写作本文时，这一制度已历经约 240 年的历史，作为英军上尉的 33 岁的他，显然对此茫然无知而凭主观臆想。

② 作者鲍威尔在原文中注释为：The meaning of the word "Dalai"（Talai）is simply Ocean：this term having been adopted, probably, to convey the idea of vastness and grandeur（W. F. Mayersin Journal of the Royal Asiatic Soeidy, N. S. iv. 304. 1869）. "达赖"（Talai）这个词的含义是"大海"。采用这个词也许是为传递"浩瀚与宏伟"的意涵。

③ 从读音看，似应译为宗喀巴。

位自负的神职人员掌握着。有法律和习俗授予他们权力，在迷信的地方更有可怕的武器在他们手中，蹂躏百姓到了一种近似奴隶的境地，就像那些生活在寺院周围的教会土地上的人一样。至于西藏其他人的生活，则处于远非民族发展与文明进步下的自由状态。

德瓦·庄（Deva Zhung）统治下的西藏本身的人口预计达到400万，而中国其他省份的藏族，再加上康（Kham）地这个真正由自己的首领管理地区的人口，可能会被视为另外有400万人藏民，从而总和达到800万的藏民，其中很可能有50万人就是僧人。看着如此辽阔的地域上仅散布着800万人口，很容易明白这里地广人稀。地广人稀的原因有如下几个：其一，一妻多夫的习俗，虽然这不很普遍，但仍被广泛实践；其二，大量的僧侣尽管只是名义上的禁欲，但是还是禁止结婚生育的。其三，尽管某些地区，尤其是西藏东部地区，可以养活比现在略多的人口，但是那些增加的部分，也只够靠野生牦牛和羚羊来维持。我们可以放心的假设，一妻多夫制最初是基于经济基础考量而被一些有远见的政治家引介，他们意识到在一个可耕种土地太少的地区，人口的大量增长必然导致赤贫或向外移民，从西藏向外移民是不现实的，事实是藏民非常难以适应离开故土的生活，——一旦移民到一个更温和的气候区，他们很快就会生病。一妻多夫制的实践价值，被明白地演绎了，当我们关注拉达克（Ladakh）和巴尔蒂斯坦（Baltistan）这两个被类蒙古族人占据的城市时，我们发现，两城只是宗教不同。在巴尔蒂斯坦（Baltistan），他们是穆斯林，遵守着那个关于他们婚俗的宗教戒律，导致人口过剩和极端贫困；而在拉达克（Ladakh），佛教徒和多出的丈夫则带来了相对的富足。

整个西藏的中部和北部，包括几乎整个西藏的西部，被称为昌（Chang）。它主要由一个高原面和圆形山丘组成，其间是宽广开放的山谷，但到处都能看到边界清楚的巨大山脉交相错杂。山势大致呈东西走向，但没有明显的流域划分，并且所有的河流汇入盐湖终止。盐湖似乎在渐渐干涸，可以看到确定无误的迹象，表明它们曾经一度延伸占据到比现在大得多的区域范围。然而，整个昌（chang）地区本身，形成了一个最明显的分水岭：河流向东找到了自己流向缅甸和中国内地的线路；而那些流向南边和西边的河流，则穿透喜马拉雅山的屏障，出现在印度平原上①。

西藏地区大致的地势轮廓，也许可以从事实中收集：从 6 月底到 11 月中旬，我们营地的平均海拔都超过 16000 英尺，最低的是 14261 英尺，最高的是 18315 英尺，而最高的山口是 18760 英尺。整个这一地区广阔的范围内，在当时连一棵树都没有，仅有两种灌木，且很少超过 6 英寸高。虽然发现了开花植物和草，索罗尔德博士（Dr. Thorold）收集了 115 个植物品种，其中一种是在海拔 19000 英尺高的地方发现的，也许这是收集到的任何一种开花植物中海拔最高的。昌（Chang）地区的广阔平坦提供了夏季的优良牧草，但根本不适合牧民以此建居区越冬。所以他们把这些地方留作野牦牛、羚羊和瞪羚的静谧乐园，除非被一些游荡的楚克帕人（强盗）团伙找到而收容。强盗们由此地再猛扑向生活在该区域周边地带的牧民帐篷，或被追击时就撤走。

强盗以牧民为掠食对象，而牧民是纯粹的放牧者，他们几乎全靠他们的牛羊的产品为生——从未品尝过蔬菜和水果，——而糌粑这种青稞面食，是他们在帐篷中曾引以为荣的唯一一种含淀粉食物，它被看作是一种节俭享用的奢侈品。他们的帐篷多为粗糙的黑色的麻布，由牦牛毛和山羊毛制成，顶端有一条裂缝让烟雾散出。冬天，在帐篷西边建一堵牛粪墙来阻挡盛行风，而帐篷外，能看到作为燃料存储起来的一堆堆牛粪。更高级别官员的帐篷是棉制的，上面装饰着神秘的设计图案。

从昌（Chang）地区开始地势下降，穿过牧民活动区之后，在海

① 作者汉密尔顿·鲍威尔的表述，太过概括而显得模糊，其实，西藏地区的河流可分为外流河和内流河两种：其一，外流河。主要分布在东、南、西部的边缘地区。东部有金沙江、澜沧江、怒江，南部有雅鲁藏布江，西部有郎钦藏布（像泉河）、森格藏布（狮泉河）等。亚洲许多著名的大河，如长江、湄公河、萨尔温江、伊洛瓦底江、恒河、印度河等发源于此或流经这里。其二，内流河。主要分布在怒江上游分水岭以西、冈底斯—念青唐古拉山以北的藏北高原和雅鲁藏布江以南及喜马拉雅山以北的一带地区。藏北藏南内流河，多是以各内陆湖泊为中心的短小向心水系，大部分为季节性流水，只有一些水源较为丰富的才是常年流水的内流河。

拔约 13500 英尺高的地带，有了农业种植，遇到的主要作物是青稞①，可以见到房屋和定居的百姓。这个地区有着鲜明的个性特征。圆形、光秃的山丘，让位于峻峭、多树的山峰；广阔、平坦的山坳，被狭窄、深陷的峡谷所取代；积雪融化成水流冲下峡谷，不像昌（chang）地区的河流那样在几英里的迟缓流动后，最终汇入静止的盐湖，而是在流动过程中，水势逐渐增强，水量和冲力逐渐增大，它们壮大成为强有力的扬子江（Yang-tse-Kiang）、湄公河（Mekong），分别流经中国内地和中印两国，最终汇入大海。

所有定居藏民和游牧藏民的性格，都是一样的——胆小怯懦、背信弃义、邪恶无道。对他们而言，他们惧怕自己卑屈，而不担心自己粗野无礼②。他们在喇嘛的手中仅仅是奴隶，喇嘛用铁杖统治他们，给他们带来由迷信引起的恐惧。在西藏的东部，藏民的不忠贞和不可靠通过一个方式显露了出来：稍有反对外国人的骚乱迹象出现，他们就遗弃法国传教士。而对这些传教士，他们曾是那样地感激；对传教士的宗教，他们也曾转向皈依。他们的体格明显很好，并且他们似乎可以忍受无限度的严寒和饥饿。他们不如汉族勤劳和灵巧，他们仍然是积极活泼的人。看他们第一眼，你可能会认为他们单纯、无忧无虑、讨人喜欢，但随后的经历只是证实了：任由自己被第一印象牵着走，是失策。你很少会喜欢他们，其狡猾程度，比其汉族邻居仅差一丝而已。

藏族普通百姓的衣服主要是一件长羊皮袍子，很脏，非常油腻。

---

① 作者总是用"barley"这个词，它其实不是"大麦"，根据语境来判断：应该指的是青稞。我们知道：其一，青稞是一种单位面积产量不高的粮食作物，在全世界几乎只有在青藏高原上种植；因为青稞的耐寒性，使得它成为该地区的主要作物。其二，青稞是禾本科大麦属的一种禾谷类作物，别名叫裸大麦、元麦、米大麦，是藏族人民喜爱的粮食；青稞谷粒可以磨粉炒熟，食用时加酥油茶或清茶用手捏成坨，叫作糌粑。另外，青稞可酿制青稞酒，是一种低度米酒，而且青稞是世界上麦类作物中含 β–葡聚糖最高的作物。

② 作者鲍威尔的原文是：The character of all the Tibetans settled and nomadic is much the same, —cowardly, faithless, and immoral: to those they are afraid of they are servile, to those they are not afraid of, insolent。（参见原文第 280 页）

白天里，袍子被一根腰带以如此样子束起来：上半部分非常肥满，下半部分像一条苏格兰式短裙一样垂到膝盖。在晚上，他们解开腰带，让长袍下摆滑至脚部，这样，长袍就满足了双重目的：白天是衣服，晚上做寝具。在暖和天气或他们认为天气暖和时，他们会从衣服中把右臂退出袖子，袒露在外；身前有布带斜对角扎紧在腰间；直刀入鞘，佩在身上，刀鞘上还装饰着银质镶嵌物和绿松石；通常肩上斜挎一杆带双叉装置的火绳枪，且经常可见其手中有一杆长矛。他们脚上的长袜是由亮色的羊毛布制成，袜底用牦牛皮制成，袜筒长及膝盖，用吊袜带系紧在那儿。对珠宝和饰品的喜爱是他们一个非常显著的性格特征，而该地区以此方式贵金属的使用量上升，一定是非常真实的。富人一般穿红色羊毛衣服，类似僧侣穿各种颜色的丝绸。

由于在该地区，藏民不允许汉民带女人一起过纳格楚卡（Nagchu-ka）的桥，只有带他们自己娶自该地区的妻子才行，因此那儿肯定会有族际混血，特别是在去往拉萨（Lhasa）的主干道上，那里有一些汉民驻扎在每个休息站里。但其孩子似乎却长得完全像藏民。在经过这个地区的时候，你不会见到任何百姓因为你是族际混血而殴打你，尽管如此，在质询中，那些是族际婚姻所生之子的人，还是被指认出来了。

几乎在所有社会阶层——官员、喇嘛、农民和牧民——中，有一种对做生意的嗜好被强烈地激发起来，所有人都想趁机赚钱。高级官员尤为尽力于商贸，因其办公薪酬极其微薄，但其官位却给了他们足够的占尽贸易优势的商机，这些机会都被他们充分利用。喇嘛利用其寺院所拥有的大量财富中的部分来实现交易目的；几乎所有农民都将自己一定量的注意力集中到商业贸易；牧民一直留心处理羊毛和兽皮。以前与塔陈鲁（Ta chen Lu）的贸易完全掌握在汉民手中，但藏民展示了他们几乎完全媲美天神的商业能力，现在他们都亲自去塔陈鲁购物。至于与印度的贸易前景，若该地区已经开放了所有商品的贸易，那么，我们希望把最有利可图的茶叶生意放在第一位。茶叶贸易曾一度被政府垄断，现在我相信仍有一部分被强制出售给人们，其压力是政府中从事贸易的人施加的。西藏的人口，适当地说，据估计有四百万。若他们每人像英格兰人喝茶那么多，即平均 5 磅，则西藏的茶叶年消耗量将是两千万磅。即使把人均茶叶消费量算成 3 镑这样一个低数字上，那也将有一千二百万镑的茶叶年消费量，但就穿行该地区的旅行者所能告诉的情况来看，西藏的人均茶叶消耗量比英国大得多。用黄油和盐混合，合成一种欧洲人尝起来极其难吃的混合物，这总是牧民帐篷和农民房屋里最明显的东西。不论它是处理西藏日常事务的噶伦（Kahlons）会议，还是一群乞丐蜷缩在一堆柴火上，在所有的争论进行中，每个人面前都有一个茶杯，茶水会不断地被续添，当一个陌生人进入一个帐篷或屋子，他最有可能发现居民就在饮茶。从拉萨（Lhasa）到塔陈鲁（Tachen Lu）的路上，有成串的驮载着砖茶的牦牛、骡子和矮种马，以满足这种源源不断的巨量需求。这些砖茶看起来是从枯老的被忽视的灌木丛剪枝上捋来的，这完全是我见过的最差的茶叶，甚至比从列城（Leh）输出到中国新疆的茶叶更糟，那茶叶曾是我认为世界上最差的。——但那时我还没完全领略中国人生产劣质茶叶的能力，从而可能无法认识到植物残叶，竟被当成茶叶运入西藏，而在决定是把它压缩成饲料还是某种便携式燃料之前，犹豫不决。通常情况下，它被装进竹筐里，但一些质地好的（其中大部分的所谓品质好也仅是相比而言），是被运入给更高的显要人物用的，也一齐打包装筐。西藏距离印度的茶园比距离中国内地的产茶区更近，这是一个清晰的地理事实，我们只能希望有一天市场可以向我们达吉岭（Darjiling）的种植园主们开放，但为了迎合大众的口味，他们不得不去做砖茶。在一个牧民中，西藏一大部分人口或多或少是流动的。砖茶比散茶更受欢迎，因为它便于携带，少受天气影响。档次很好的茶叶在西藏可能不能被充分鉴别，因为当与黄油和盐巴搅拌在一块儿时，精品茶的微妙芳香将极大地受损。

除了茶，其他货品也可以找到一个市场，比如糖、烟草、大米、刀具、陶器、有色眼镜、红色和黄色的绒布、铜按钮、图案鲜艳的棉布、珊瑚。

在能运出西藏的货品中，羊毛占第一位，该地区与羊毛产量相关的羊毛供应力，实际是无限的。西藏人口的大部分其本质上都是放牧者，旅行中你会在很多地方，一连好几个礼拜甚至几乎每天你的眼前都是羊。麝香很丰富也很便宜，在印度容易找到市场，可以提供充足数量的牦牛尾巴，满足任何可能的需求。显然，该地区积累了大量贵金属，女人穿着脏羊皮，经常戴着价值几百卢比的银饰品，而黄金珠子到处都不稀罕。你可能会经常看到有人喝茶时，用的是极其劣质的瓷杯，配的是银质的托盘、杯盖和汤匙。不同聚居地，黄金与白银间的比率有着相当大的差异。理塘（Lithang）是我们发现的一个黄金最便宜的地方，它的相对价值是银的 14 倍。在克什米尔，相同质量的黄金（也就是洗净的金屑）以重量兑换，价值是白银的 22 倍。

昌（Chang）地区的植物极其贫乏，索罗尔德博士（Dr. Thorold）收集了他所看到的每一种开花的植物，可也只成功获得了 115 个品种，然而他对此却有极大的兴致，这些被收集的所有植物的海拔都在 15000 英尺到 19000 英尺之间。这些植物具有非常鲜明的荒凉的高原特征。它们中只有一种具有灌木的特点，它甚至不会长到高于地面太多，而别的仅仅长高到半英寸至一英寸。收集到的草类有 23 种，一定是极其有营养的。因为，当穿过整个高原时，我们看到数量巨大的成群牦牛和羚羊，其数量与该地区牧草承载量是完全不能匹配的。当此地被积雪覆盖，夏末残留的凋萎牧草亦被埋藏，这些动物将如何度过酷寒的漫长冬天，看起来这是个秘密，唯一能解释得通的，就是它们靠的是在牧草最好的时候所储存的大量脂肪。

牦牛是西藏典型的动物，成群或偶尔单个的老公牛在整个昌（chang）经常被看到。有时一天能看到上百头，而且一连好几天，总能看到一些牦牛。当我提到，一个猎人在昌陈墨（Chang Chenmo）很可能用六个月的时间才能搞到一头公牛，你就会理解我们身处一个幸福猎场时的美妙感觉。它们极其容易被潜近，其视觉不像大多数的野生动物那样敏锐，不过，其嗅觉却相当灵敏，当接近它们的时候，你得留意风向是正确的①。我从未见到一头牦牛会向人冲击，即使是受了伤且看见了该袭击者时，它们也不还击。温驯的牦牛大量地用作负重驮畜。它们非常稳当，能够负重通过矮种马根本过不去的地方。它们栖息在海拔很高的地方，不受高山病的折磨。但其行进速度非常缓慢，且很快就会脚痛。从而，公牦牛和普通家用母牛的杂交种，也就被大量使用。

藏羚羊（Tibetan antelope）在整个昌（chang）地区分布也非常广泛。它们的栖息地据说可能是从喀喇昆仑山口的西部开始，延伸至拉萨西宁路的东端。可能偶尔也会在东边更远的适宜其生长的地区见到它们。在南面，在锡金（Sikkim）和库蒙（Kumaun）的北部高原发现了它们，其活动区向北一直延伸到青藏高原。藏羚羊大多集中在海拔 16000 英尺到 18500 英尺的地带，很少在低于 15000 英尺的地方发现它们。它们有个特性：夏天，雄雌两性生活在完全不同的区域。例如，在喀喇昆仑山上，在南山坡只发现雌藏羚羊，而在北山坡则只发现了雄藏羚羊。在空旷的山谷，他们摆出兔子的造型，在无遮挡的平原上，你只能通过它们显露的优雅的竖琴样儿的犄角，才可探查到它们的存在。它们的肉是极好吃的，在我们经过昌（chang）地区的漫长旅途中，我们几乎全靠吃它们的肉为生。要是它们数量不够多、分布不够广泛，粮食补给将是我们极大的焦虑。

西藏瞪羚羊（The Tibetan gazelle）比羚羊分布范围更广，但在特定地域，它们并不像羚羊那样数量多。

它们是俊美的小动物，非常像印度的印度瞪羚和土耳其斯坦的杰然（Jeran）。射杀它们远非射杀羚羊那么容易：除了瞄准的目标更小之外，它们更为机警，驮队人员眼见它们从最险僻之处不受约束地径直逃脱。而羚羊则是持续小跑而过，如果真射击的话，它们很少能逃出步枪的射程。在英国占领区拉达克（Ladakh）的汉离（Hanli）和

---

①　根据作者的描述，其在文中未能明确提到的所谓的"正确风向"，就应该是猎人靠近牦牛时得是逆风的才行。因为他的意思是说牦牛的嗅觉很灵敏，那么，当猎人顺风靠近牦牛时，猎人的气味就会被牦牛嗅到，从而机警逃离。

托马拉里湖（Tso Morari Lake）临近地区发现了瞪羚。我们发现它们在西藏最远的东边、昌都（Chiamdo）与嘎索克（Garthok）之间的路上的阿斯（Asi）也有。它们很可能也会在很偏北的适合其生存的地区活动，即海拔 13000 英尺到 18000 英尺的高原上。在往北的戈壁滩（Gobi Desert）上，它们就被瞪羚属的鹅喉羚（Gazellasubgutturosa）所取代。

西藏野驴（Kiang）（Equus hemionus）与印度西部的印度野驴和非洲的斑马属于同一类。它们广泛分布在西藏，在那儿，它们很常见。身体上半部的颜色是栗色，向下渐融于浅黄褐色，到腹肚部则是白色，沿背部有深棕色条纹。鬃毛稀薄且直竖，超大的头颅和巨大的耳朵严重有损其优雅的外表。它们绝不会胆怯；相反，它们表现得非常好奇，它们不合时宜的好奇心，常因肆意地嬉戏而糟蹋植物。有时，它们会像一组骑兵编队在西藏平原上转圈奔跑。

盘羊（Ovisammon）（Tibetan Nyan）是所有西藏猎物中最高贵的。它与帕米尔高原（Pamirs）上的欧维斯·珀离（Ovis poli），都可在整个绵羊部落中称王。随便一个成年公盘羊，其肩高就有 12 长，犄角长达 40 英寸，犄角根部的周长有 16 英寸到 17 英寸。也曾有犄角长达 48 英寸、角根周长 20 英寸的盘羊。

在海拔 1500 英尺以下未见其踪迹，它们更喜欢山丘斜坡而非开阔谷地。要想追上它们就得离开我们的原路去爬山，我们从未试图射杀它们。我们需要的是肉，而不是打猎和猎物，羚羊更易猎获。在拉达克（Ladakh）也有盘羊，人们知道那里的盘羊是西藏盘羊与东方盘羊的杂交种，我们发现这种盘羊犄角弃置在很远的东边——东经 88度的地方。或许会在比此地更靠东边的地方发现它们的踪迹，阴凉、多石的斜坡是它们最喜欢的休息场所，想悄悄靠近这样的地方是很难的，这样的地方对于猎人的成功概率是相当有影响的。

事实上，猎人们每年都在拉达克射杀一些盘羊，那里的盘羊怎么也不比别的地方稀少，据移民到拉达克的人指出，此地盘羊的数量在增加。

东方盘羊（Ovisvignei）或中亚细亚的山羊（Shapoo）在拉达克

（Ladakh）和阿斯特（Astor）都能见到。据达格利什先生（Mr. Dalgleish）说，在西藏北部有盘羊。但是在离开英国的占领区后，除在我们穿过昌（chang）地区的路上还见到过盘羊外，其余地方我们就从未见过，甚至连其散落的犄角也没见过。在西藏地区发现盘羊的平均海拔，要高于在拉达克（Ladakh）发现之地的海拔，这可能就导致它们不在上述地区出现。它们与乌打尔羊（Oorial）或巴基斯坦盐岭（Salt Range）绵羊的差别，只是气候有变化而已，虽然后者的犄角可能变得稍大一些。其犄角最长纪录是 37.75 英寸，周长11.5 英寸。这个品种与驯服的绵羊自由繁殖，正如上文已经提到的，它们也与西藏盘羊（Ovis ammon）自由繁殖。

那华拉羊（Ovis nahura）。——蓝羊或者纳普（Napoo）羊，就是绵羊和山羊族系之间的纽带。它分布广泛，在某些地方极其常见，但海拔不低于 10000 英尺。被发现在拉达克（Ladakh），在巴尔蒂斯坦（Baltistan），喜马拉雅山脉（Himalayas）的北坡，到莎车（Yarkand）道路的西边，我们也在昌都（Chiamdo）和嘎索克（Garthok）之间的地区看到了一些，并在我们穿越昌（Chang）地区的途中偶尔也见到几只。它喜欢多石的断裂地面，尽管由于雄性那华拉羊的脸部、胸部和腿部具有黑色斑纹，而使它在开阔地带成为很显眼的动物，但它还是更喜欢休息在那种西藏典型的强光与阴影极难区分的地面上。它的肉是极好的，尤其是在夏末，其肉质状态最好。

记载中，那华拉羊的犄角最大长度是 32.1 英寸，最大周长是 13英寸。

萨洛帝鹿（Cervusthoroldi）或绍乌楚（Shoa-u-Chu）。——在这次考察过程中，这种华丽的鹿是首先拥有的猎物，它是索罗尔德博士（Dr. Thorold）射杀的。这种鹿是在从图克桑当岗（Tsuk Sun Dong Gong）的邻近地区到嘎索克（Garthok）的东部西藏发现的。但并未在其他地方见到多少。它是在海拔约 14000 英尺高的森林线之上的矮树丛中被发现的。索罗尔德博士（Dr. Thorold）从由六只雄鹿组成的这个鹿群中猎获了两只。据当地人说，这种鹿，很能漫游，随一年里的不同季节而游居在不同地方。如果当地人给我们提供信息，我们无疑能成功捕获几只。但他们绝对会拒绝告诉我们任何事情，要不然，就会随意欺骗我们。在这种情况下，这显然是一个奇怪的地区，弄到一只完全不熟悉其生活习性的动物，几乎得全靠运气。

目前，在鹿科动物中这种牡鹿的合适地位问题仍在讨论中。任何关于它与群属中其他我们所熟悉的鹿种相似与不同之处的评说还为时过早。

尺寸：——

沿着颈部曲线测量从鼻子到尾巴的长度，70 英寸；

尾长，4 英寸；

肩高，48 英寸；

沿曲线测量犄角长，36 英寸；

沿直线测量犄角长，31 英寸；

前后趾尖距离，31.5 英寸；

犄角根部周长，6 英寸；

西藏狼（印度狼）几乎遍布西藏地区和其西边的邻国。其浅灰色的绒毛细小柔软，长毛呈浅棕色，毫尖带黑。它是否有别于欧洲狼（European wolf）、灰狼（Canis lupus），这看起来都是值得讨论的问题。它们的灰白色和更加柔软的皮毛，似乎是主要差异，这些差异恐怕都要归因于气候因素。然而，它们的生活习性则差异很大。亚洲品种似乎从不集群而行。我所看到集群数量最多的一次是在帕米尔高原（Pamirs），在那里算是数量众多了，有六只。通常情况下，它们只成对或单独出现。我从未听说过单独一只狼会袭击人，尽管毫无疑问，像印度的狼，当时机成熟时，它会毫不犹豫地叼走小孩子。

它们极其谨慎，尽管我们经常看到它们徘徊在营地附近，在夜间杀死了我们的几头绵羊和驴子，但它们似乎懂得用直觉感知步枪的射程。

我在拉达克见到过卡永种狼（Cyonrutilans）或野狗，可从来没有在西藏见到过相应种类的，但霍奇森（Hodgson）却从西藏东部捕获到它。

藏马熊。——这种熊，像索罗尔德博士的牡鹿一样，是在探险时第一次猎获在纬度 31°58′，经度 93°38′，海拔 14600 英尺高的地方。该地区高于森林线，当天是 11 月 30 日。一圈昏暗的黑色与一圈宽厚的白色环绕它的脖颈。背上的白色条带逐渐延伸汇入低位的黑色，这样它看上去整个是灰色的。它比之前我遇到过的任何种类的熊都要蠢笨，所有的熊都缺乏警惕性。当地人非常惧怕他们，并告诉我们这些熊攻击和打伤人的事件，类似于喜马拉雅黑熊的传说故事。我们没有见到更多的熊，原因可能是我们到达其栖息地的时候，恰是熊冬眠的季节。

尺寸：——

身长（合计），60 英寸；

脑袋的长度，11 英寸；

肩高，24 英寸。

粗毛兔。——山地野兔很普通且分布广泛。它们偏爱多石的地表，躲藏在那里的岩石间。它们很好地增补了我们日常的羚羊肉菜单，假如我们有足够的子弹，我们就能射杀足够的野兔来供应整个营地。这种兔子的身前颜色是带红色的，浅黑色的背部，灰色的臀部。它们大约有一个英国兔子那么大。

整个喜马拉雅山遍布麝香鹿（Musk-Deer, Moschus moschiferus or kustura），即使西边远到吉尔吉特（Gilgit）这个中国内地的西侧，北至西伯利亚（Siberia），只要地区适宜，在海拔 8000 英尺及其以上高度，且有草丛或树林的地方，经常会见到它们。有时测量到，麝香鹿的犬齿竟然长达 2—3 英寸，这是该动物一个非常显著的特征，而且麝香鹿没有犄角。麝香交易，导致麝香的唯一生长体——雄性麝香鹿被大量猎杀。麝香被装在一个可容纳约 1 盎司的豆荚式小盒里。藏民是麝香掺假的行家，他们掺假后扣上荚盒的方式，让外行很难发现麝香荚盒被打开过。

麝香鹿是一种独处动物，很少见到有两只以上在一起的，最常见的是单只独处。

它们的毛发是一种独特类型：稍长而粗糙，且很脆弱，尽管它无疑是极重要的御寒物。

昌（Chang）这个地方非常缺乏可以猎杀的鸟，在少数几种里，分布最广泛的是沙鸡（Syrrhaptestihetanus）。这种鸟和帕拉斯沙鸡（Pallas' sand-grouse）血缘密切，只是稍大些，后者近年来迁徙到欧洲，可是其能否幸存下来，还是个问题。

像所有同类一样，西藏沙鸡是绝妙的美味。这种鸟不怕生，当子弹稀缺时，只要是在地面上，又是在易于靠近的范围之内，它们就是一种典型的易捕鸟类。在展翅起飞前，它们会用自己滑稽的短腿蹒跚一小段距离，在其飞起来之前，猎捕者就能一连抓住好几只。我们发现它们在 7 月筑巢，在任何人靠近其鸟巢，假装要捣毁它的时候，它们便缓缓扑扇翅膀。一旦它们要真的飞起来，其振翅也很有力。经常能看到它们飞高到约 16000 英尺或 17000 英尺。

> 毛腿沙鸡（Syrrhaptestibetanus）。——西藏沙鸡是在约 1850 年被发现。其标本被已故的退道尔（Tweeddale）侯爵（Marquis）的哥哥基佛德（Gifford）勋爵从西藏寄送给古尔德先生（Mr. Gould）。它们的生活习性接近欧洲沙鸡种属，尤其是其珩鸟式的风格：试图诱骗入侵者远离巢穴而假装瘸腿，装作不能飞行。索罗尔德博士说，它们一年到头都待在这个高原上。
>
> H. S.

在西藏东部可找到 4 种野鸡。第一种是西藏褐马鸡（Crossoptilon tibetanum，Tibetan shagga，见原文第 178 页），一种非常高大俊美的鸟，它通身羽毛几乎全是白的，只有尾巴上的长羽毛是黑色的。它们一群约有 30 只，其毛色和尺寸使得它们在山边非常显眼。在我见过的所有猎鸟中，它们是最难被射杀的。枪击仅能打飞它们的羽毛，却没能将其打死，这是令人厌烦的，最可气的是，尤其是当我们的子弹储量不多的时候。

它们大部分栖息在瑞奇（Riuchi）附近。

> 西藏褐马鸡（Crossoptilontibetanum）。——也叫本瓦特有耳野

鸡。它是奥尔良的毛歇尔·本瓦特（Monsieur Bonvaldt）和普林斯·亨利（Prince Henrid Orleans）于1890年在从劳勃·闹（Lob Nor）到塔陈鲁（Ta-chen-lu）的冒险旅行中，在西藏东部发现的。

如今，在巴黎的加丁动植物博物馆（Jardin des Plantes），陈列着十几只甚至更多这类标本，漂亮的公鸡和母鸡是由鲍威尔上尉和索罗尔德博士从同一个地区带来的。后者我如今仍在收集中，它们是我1892年所描述的那种类型（西勃姆《西藏鸟类学家社团公报》第一册，第17页）。

毛谢尔·奥斯特莱特（Monsieur Oustalet）认为巴黎博物馆的标本的确是西藏褐马鸡（Crossoptilon tibetanum）的品种。但在仔细研究了伊伯·戴维德（l'Abbe David）从牟品（Moupin）带来的这种野鸡的精良品种，以及由普拉特先生（Mr. Pratt）从塔陈鲁（Ta-chen-lu）的西山侧带来的同种类优良品种后，我不同意他的这一判定。这两个品种看上去是明显有区别的，关于其所属种类，没有其他我们所知道的样本能对此质疑的。那些以图证明他们在各自分布区域的连界处交互繁殖的证据，也无论如何得不出其上述结论：因为这即使能证明它们的确交互繁殖了，但该事实将不被作为二者完全相同的证据而让人接受。何况，大多数公认的野鸡种群是会在任何有机会杂交时，都会如愿杂交。

从西藏中部伟大的高原昌（Chang）地区走下来，鲍尔上尉和他的同伴在穿行这座高原的好几个月里，始终没有下行到低于海拔15000英尺地方，一当到达海拔约13500英尺的杜松林区，我们看到有耳野鸡（earedpheasants），并在下行到海拔约9000英尺地方，不断见到一小群一小群的有耳野鸡。这种灌木（桧属细青皮果）（Juniperus excelsa）的果浆似乎是它们最喜欢的食物，然而有时，它们也会下来到村庄外的田地里找寻食物。他们也非常喜欢吃藏民大量食用的甜根或花生。其叫声是一种呼呼响的声音，不时又会发出一小段咯咯咯的叫声。在山坡上若受惊动，它们会沿山坡飞行又停落，而不像大多数的喜马拉雅野鸡（Himalayan pheasants）那样俯冲谷底。它们大量栖息在树上,广泛分布于西藏东部高达森林生长线的地区。它们藏语的名字叫萨嘎(Shagga)。它们很难被猎杀,除非子弹穿过其脑袋,否则它们通常都能逃脱射击。

白尾褐马鸡(Crossoptilon leucurum)(见原文第182页)。——豪德格森有耳野鸡(Hodgson'sEared Pheasant)约在1830年发现,那是一群赴北京(Pekin)的尼泊尔(Nepal)使者在其归途中所带回的一只样本。

在伊伯·戴维德(I'Abbe David)在中国西部牟品(Moupin)附近山区再次发现这一优良品种之前,该样本仍是独一无二的。即使是在普拉特先生(Mr. Pratt)1890年在去塔陈鲁(Ta-chen-lu)西部山区的牟喜门(Mousimien)发现大量的这种鸟类前,它也一直是一种非常罕见的鸟类收集种类。

米歇尔·本瓦特(Bonvalot)先生和鲍威尔上尉(Captain-Bower)都在西藏东部发现这种鸟,本瓦特有耳野鸡(Bonvalot's Ea red Pheasant),与亲密伙伴小群聚集,上述两位旅行者都并不认为这两个野鸡样本是两个不同的物种。

H. S.

我们只在塔陈鲁(Ta-chen-lu)河岸的灌木丛里发现过线雉鸡(Phasianus elegans)(见原文第244页)。它与另外三种鸟类样式很不同,它很像英格兰和土耳其斯坦(Turkistan)的野鸡。它们数量非常多。要是我们的子弹没用完的话,我们会很好地猎杀一下的。

线雉鸡(Phasianus elegans)。——安德森野鸡(Anderson's Pheasant)是由安德森博士(Dr. Anderson)在云南西部(Western Yunan)的牟门(Momien)发现的,但在任何论述发表之前,收到了其初始命名为法西安第斯·丹登尼(Phasiantisdadeni)(Anderson, Proe. Zool. Soc.,1871,参见原文第214页)的两个实例被存放在伦敦(London)的动物园(ZoologicalGardens)里,它们是由一位名叫I. J. 斯特恩(I. J. Stone)先生的中国物品收集家,从西藏东部的塔陈鲁（Ta Chen Lu）西边永岭山脉（Yungling Mountains）的山坡送回的。而后者被表述为法西安第斯·丹登尼（Phasiantisdadeni）（艾略特《安·奈·西斯特》，系列四，第四册，第312页）[1]。

　　然而，三十多年前，这些发现都已被人抢先了。已故的 J. R. 毕维斯（J. R. Beeves）先生向在大英博物馆画廊的全民藏品展览呈送了一只已安装好的样本。支架上的备忘录标明这个样本是从中国带回来的活标本，并存放在伦敦动物园直到1839年死去。我迄今都没发现该样品曾被命名。

H. S.

血雉属若弗罗伊（Ithaginisgeoffroyi）（Tibetan Tsiri）。——血雉（见原文第199页）在海拔约一万英尺处被发现，有密密的毛。其颜色由灰色、浅绿色和粉红色奇特混合而成，外表似乎经过人工染整。它有一张比野鸡家族里的大多数更小的喙，并在其头部有一簇毛，使其外观看起来像我所知道的所有猎鸟当中最不勇敢的鸟类。在有些地方，它们的数量非常多，而在有些明显适合它们生活的地区，却连一只都看不到。它可以生活在很大的范围内，显然我们没有看到那么多。在近期的锡金（Sikkim）考察活动中，军官们射杀了几个。

　　血雉属若弗罗伊（Ithaginisgeoffroyi）。——朝威瓦血雉（The Chauveau's Blood Pheasant），是由法国传教士皮尔·朝伟瓦（Pere Chauveau）在约25年前于塔陈鲁（Ta-chen-lu）上边的山脉上发现的，并通过去汉口（Hankau）的法国领事（French Consul）送样本到巴黎（斯科兰特《朱鹭》，1870年版，第297页）[2]。

　　鲍威尔上尉（CaptainBower）发现，其分布区不如有耳野鸡（eared pheasant）那样海拔高，一般羽毛较厚，翅膀不太有力，

---

[1]　原文在括号里注释为 "Elliot, Ann. Nai. Hist., series 4, vi. page 312"。故此处遵照原文格式翻译并在文中以括号形式注出。

[2]　原文在括号里注释为 "Sclater, Ibis, 1870, page 297"。故此处遵照原文格式翻译并在文中以括号形式注出。

也不惯于逃走。当它们飞起时，就会停落在最近的一棵树上，极其温驯地站在那儿。它也不像有耳野鸡（eared pheasant）那样群居。偶尔在丛林中能发现较少的几只待在一起。受惊扰时，有耳野鸡会像羊群那样紧密聚集在一起，而血雉却并不像它们那样围聚。

H. S.

四川雉鹑（Tetraophasis szechenyii）（西藏"酷农"，参见原文第235页），与大松鸡（largegrouse）非常相似，但有一道鲜明的白色条纹环绕尾部羽毛。它是一种比血雉（Tsiri）更适于猎杀的鸟类，受到惊扰时，它们会勇敢起飞。其发现地的海拔高度与另外两种鸟发现地的海拔高度非常相似。尽管我已发现这三种鸟都同样栖息在地面上，但它比萨嘎（Shagga）更喜欢丛林。四川雉鹑都栖息在树上。

四川雉鹑（Tetraophasis szechenyii）。——赛切尼雪鹧鸪（Szechenyi's Snow Partridge）是由康特·贝拉·赛切尼（CountBela Szechenyi）在其并不成功的赴西藏探险途中发现的，被描述为来自西藏东部（马达拉兹《高校鸟类学杂志》，1885 年，第 50 页）[1]。但其发现位置随后更改为西藏中部（马达拉兹《朱鹭》，1886 年版，第 145 页）[2]。为其描述内容提供的感光底片上的鸟类颜色，要比鲍威尔上尉和索罗尔德博士所获得的鸟类的颜色，更显灰白。

在其被发现后不久，它又被重新描述为雉鹑属德格丹（Tetraophasis desgodinsi）（乌斯塔莱《动物标本剥制者》，1886 年，第276 页）[3]，其标本被伊伯·德格丹（I'Abbe Desgodins）从巴塘（Bathang）再向南一个维度处的云南省最北端的盐井（Yerkalo）

---

[1]　原文在括号里注释为"Madarasz, Zeitschrift fur die Gesammte Ornithologie, 1885, page 50"。故此处遵照原文格式翻译并在文中以括号形式注出。

[2]　原文在括号里注释为"Madarasz, Ibis, 1886, page 145"。故此处遵照原文格式翻译并在文中以括号形式注出。

[3]　原文在括号里注释为"Oustalet, Le Naturaliste, 1886, page 276"。故此处遵照原文格式翻译并在文中以括号形式注出。

将他们送去的。这些样本与米歇尔·伯瓦特（Monsieur Bonvalot）和奥尔良的亨利王子（PrinceHenri of Orleans），鲍威尔上尉和索罗尔德博士这些人从西藏东部获得的样本一致。

鲍威尔上尉进一步指出其分布区的延伸范围的海拔要比血雉（Blood Pheasant）更高一些，有时甚至高于森林生长线，但并不如有耳野鸡（Eared Pheasant）的分布海拔高。

它们的飞行能力相当好，时常出入于密林与灌木丛，但栖息在树上。偶尔能发现它们五六只成群聚集，但并未观察到更多数量的鸟群。

H. S.

喜马拉雅雪鸡（Tetraogallus Himalayensis）。——喜马拉雅雪鸡是于 1842 年在喜马拉雅山脉（Himalaya Mountains）被发现的，也已在西伯利亚西南部（S. W. Siberia）发现到它们的栖息地。

鲍威尔上尉发现它是西藏高耸的中央高原上的一种常见的定居鸟类，它们在当地人所熟知的名字叫撞石鸡（ram chukar）。

H. S.

斑尾榛鸡（Tetrastes Severtzovi）。——普尔热瓦尔斯基花尾榛鸡（Prjevalski's Hazel Grouse）是 1872 年在甘肃的山林中被普尔热瓦尔斯基将军①发现并带到圣彼得堡（St. Petersburg）的。该鸟

---

① 尼科莱·米哈伊洛维奇·普尔热瓦尔斯基（1839—1888），俄罗斯 19 世纪最著名的探险家和旅行家。出生于白俄罗斯一个贵族家庭，曾在波兰华沙军事学院教授地理。1867—1888 年的 21 年间，普氏有 11 年完全是在中国探险，先后完成了对远东乌苏里地区探险、蒙古青海探险、罗布泊探险、西藏探险以及黄河源头探险五次。普氏是第一个深入青藏高原中心的欧洲人，普氏的旅行不仅仅满足于地理学考察，他搜集到 702 张兽皮，爬行和两栖动物 1200 种，鱼类 75 种，鸟类 50 余种5000 多只，普氏采集的标本汇编成三卷本科学巨著《哺乳动物纲》《鸟纲》和《冷血脊椎动物纲》；普氏还搜集到 1700 种共计 15000 株植物标本，他把所有新种都绘成了图画。普氏在地理学、动物学、植物学、博物学等方面都取得了巨大的成就，举世公认。上文中用"General"称呼普氏，应当是带有一定敬称的成分在里面，因为从普氏一生的经历来看，他似乎在俄罗斯没有升任到如此高级别军事职务的机会。不过，沙皇的确很欣赏普氏。1888 年 10 月 20 日，普尔热瓦尔斯基病倒在伊塞克湖畔。沙皇下令，伊塞克湖畔小城卡拉克尔改名为普尔热瓦尔斯克。

类标本也被鲍威尔上尉和他的同伴在西藏东部获得，上述两批旅
行者都并未对其生活习性进行描述。

H. S.

斑尾榛鸡

竹鸡属鹧鸪鸟（参见原文第 130 页）。——普尔热瓦尔斯基
鹧鸪（Prjevalski's Partridge）是普尔热瓦尔斯基将军在中国长城西
端点与青海（KokoNor）之间的南山山脉（NanShan Mountains）
上发现的（罗理《鸟类学杂录》，第 2 册，第 423 页）①。它也被
莫歇尔·本瓦尔特（Monsieur Bonvalot）和鲍威尔上尉（Captain
Bower）在西藏东部发现。

H·S

生活在印度的欧洲灰鹤（Coolen）（灰天鹤）（Grus cinerea），旁
遮普（Punjab）的库恩（Koon），西藏的查同同（Cha toon toon），都
是欧洲有名的鹤科。其颜色是类似灰色的灰白色，前额、下巴、喉
咙、前颈和尾巴，都是黑色的。

我们 10 月 6 日在第 54 号营地看到它们，每对成年鸟身边陪伴着

---

① 原文在括号里注释为 "Rowley's Ornithological MiscMany, ii. Page 423"。故此处遵照
原文格式翻译并在文中以括号形式注出。

一对幼年鸟，尽管幼年鸟的个头大小接近其父母，但全身都是灰色的。在印度，它们大群聚集、四处飞翔，大量掠食农作物。它们是出色的觅食者。

在寒冷的天气里，斑头雁（Bar-headed Goose）（Anser indicus）大量地飞往印度。占据北印度（包括信德），休姆（Hume）说："这种斑头雁的数量远超其他各种雁的数量之和。"它在西藏的昌（Chang）地区淡水池上繁殖。在 8 月，我们发现年幼的斑头雁几乎已全部长大，但还不能飞翔。然而，我们几乎未能看清并断言我们所居住的地区，就是冬天大量飞往印度的候鸟的常规筑巢地，但我们推测：它们中有大量的将往更北方飞。西藏的湖泊，几乎全是盐分很高的咸水湖，不适合鸟类或鱼类生存，就算是淡水湖泊，里面的野草和其他适合的食物也非常匮乏。

我们看到栗鸭（Brahminy ducks）可能偶尔也会在此繁殖，但据我自己观察，它们至少是夏季的河流上和中国新疆喀什和劳勃闹（Lob Nor）之间的沼泽里的栗鸭的 50 倍之多。据我所见，还没有其他种类的鸭子在西藏繁殖。鹬（snipe）可能偶尔在有泉水和小块沼泽地的地方繁殖。

雁属斑头雁（Anserindicus）。——一百年前，斑雁或斑头雁（TheBar-or Barred-headed Goose）早在西藏的莱瑟姆（Latham）时代就已经被作为定居的当地物种而人所共知了。

秋天，看到大量鸟群一队队飞往印度，在那里越冬。

H. S.

在海拔 15500 英尺到海拔 17600 英尺高度的地区内，发现了六种蝴蝶。也就是：

埃涅阿斯积云蝶（Aeneispumulus）；绿块莱粉蝶（Pieris chlo-ridice）

瓦内莎拉达克蝶（Vanessaladakensis）；帕玛斯绿南星蝶（Pamassius acco)

同步舞蝶（synchloebutleri）；帕玛斯绿南星蝶（Pamassiusjac-
quemontii）

这六种蝴蝶是索罗尔德博士收集的，包括了迄今我们在西藏所见
到的每一种蝴蝶。在这块寒风席卷的土地上，所有能见到的生物，对
我来说，都是一种惊喜。